ME LARGA!

Marcel Rufo

ME LARGA!
Separar-se para crescer

Tradução CLAUDIA BERLINER

Esta obra foi publicada originalmente em francês com o título
DÉTACHE-MOI! SE SÉPARER POUR GRANDIR
por *Éditions Anne Carrière*, em 2003, Paris.
Copyright © 2005, Éditions Anne Carrière.
International Rights Management: Susanna Lea Associates.
Copyright © 2007, Livraria Martins Fontes Editora Ltda.,
São Paulo, para a presente edição.

1ª edição 2007
2ª tiragem 2025

Tradução
CLAUDIA BERLINER

Acompanhamento editorial
Luzia Aparecida dos Santos
Revisões
*Maria Regina Ribeiro Machado
Célia Regina Camargo
Dinarte Zorzanelli da Silva*
Produção gráfica
Geraldo Alves
Paginação
Moacir Katsumi Matsusaki
Capa
Adriana Maria Porto Translatti

**Dados Internacionais de Catalogação na Publicação (CIP)
(Câmara Brasileira do Livro, SP, Brasil)**

Rufo, Marcel, 1945- .
  Me larga! : separar-se para crescer / Marcel Rufo ; tradução Claudia Berliner. – São Paulo : WMF Martins Fontes, 2007.

  Título original: Détache-moi! : se séparer pour grandir
  ISBN 978-85-60156-61-0

  1. Crianças – Desenvolvimento 2. Pais e filhos 3. Psicologia infantil 4. Relações interpessoais 5. Separação (Psicologia) I. Título.

07-6841   CDD-155.418

Índices para catálogo sistemático:
1. Laços afetivos : Crianças : Influência no desenvolvimento : Psicologia infantil   155.418

Todos os direitos desta edição reservados à
Livraria Martins Fontes Editora Ltda.
*Rua Prof. Laerte Ramos de Carvalho, 133 01325-030 São Paulo SP Brasil
Tel. (11) 3293-8150 e-mail: info@wmfmartinsfontes.com.br
http://www.wmfmartinsfontes.com.br*

Índice

Introdução 1

1. No começo era a fusão 9
   Separações precoces demais **11**
   Sobreviver ao abandono **23**

2. Crescer é se separar 27
   O pai, rompedor de fusões **29**
   O sono, uma pequena separação **33**
   Os benefícios da pré-escola **37**
   A arte de contar histórias **41**

3. Tentativas de prolongar a fusão 45
   Uma carreira de "fusionador" **47**
   A impossibilidade de ir à escola **53**
   Separar-se de um sintoma **59**
   Uma recusa de crescer **63**

4. A separação impedida 65
   Separar-se de um pai ou de uma mãe doentes **67**
   As doenças que prendem **73**
   A separação em marcha lenta **77**

5. Quando os pais se separam... 81
   O divórcio nunca é trivial **83**

    A fusão reativa **89**
    Os limites da guarda alternada **91**

6. O trabalho de luto 95
    Essa morte que mete tanto medo **97**
    A recusa da perda **101**
    O luto não é uma doença **105**
    Estratégias para lutar contra a perda **109**
    O luto impossível **115**

7. A(s) lembrança(s) e o esquecimento 119
    As lembranças, objetos transicionais **121**
    Nosso "canto do mundo" **129**

8. Separar-se da própria infância 133
    A arte da fuga **135**
    Os amigos e os amores **141**
    Os pais que abandonamos **149**
    Quando a dependência destrói **155**

9. Separações impossíveis? 159
    Viver sem passado **161**
    Separar-se de suas origens **163**
    O trauma que fragiliza **167**
    Separar-se de si **169**

10. O psiquiatra infantil e a separação 173
    O prazer dos reencontros **175**
    Quando a psicoterapia não termina nunca... **179**

Conclusão 183
    A força do vínculo **183**

Para você,
Para você,
Para você,
Para ...
Errou!

Introdução

Ainda criança, eu já sabia que um dia seria órfão. Longos anos depois, acabei realmente me tornando órfão, numa idade em que ninguém mais pensa que isso seja possível, pois achamos que só as crianças são órfãs.
 Não presenciei a morte de meu pai, assim como não presenciei a morte de minha mãe, mas foi através da morte deles que entendi o que representavam para mim. No fundo, o desaparecimento real deles vinha confirmar meu temor infantil; mas será que isso o tornava mais fácil de aceitar?
 Durante meses continuei discando o número de telefone deles, deixando tocar um pouco antes de desligar, como se isso bastasse para me fazer acreditar que só tinham se ausentado por uma tarde, mas voltariam logo. Assim, sua ausência, limitada no tempo, me parecia provisória e, embora de fato estivéssemos separados, eu podia pensar que eles não estavam totalmente perdidos. Na inauguração da Maison des adolescents, em novembro passado, ainda lamentava que já não estivessem entre nós. Para tentar preencher essa ausência, apagar o desaparecimento, sonhava ingenuamente com ir cavar um buraco no túmulo deles e ali enfiar os recortes de jornal que noticiavam o acontecimento. Embora meu pai nunca tivesse conseguido pronunciar corretamente a palavra "psiquiatra" e minha

mãe, certamente neurótica e perturbada demais, preferisse não saber que esse tipo de profissão existia, eu os imaginava orgulhosos de mim e o que mais desejava era compartilhar com eles aquele momento.

Enfim, continuava lutando contra a perda que atormentara toda a minha infância. Seria por causa das brigas incessantes entre meus pais, anunciadoras, aos meus olhos de menino, de uma separação que me parecia inevitável e me privaria de meu pai e de minha mãe? Diante dessa eventualidade, nada podia fazer, não tinha nenhuma possibilidade de intervenção. Longe de me sentir o elo que mantinha meus pais unidos, ficava entregue a minha impotência e à culpa que ela certamente gerava. Venho de uma família insegura que apesar de tudo perdurou, mas que me ajudou a me familiarizar com a idéia de separação.

Em Toulon, nossa família ocupava um pequeno imóvel. No terceiro andar, meus pais e eu; no quinto, minha avó; entre ela e nós, no quarto, aquela a quem chamávamos "Tatá". Quando as cenas e gritos entre meus pais me obrigavam a bater prudentemente em retirada, subia diretamente para o quarto andar, para desagrado de minha avó, para quem o normal seria me acolher. Mas o apartamento de Tatá possuía aos meus olhos outros encantos. Aquela mulher sem marido nem filhos tinha um amante marselhês e atencioso – prova de que não são qualidades incompatíveis: cada vez que passava por lá, oferecia-lhe presentes que adquiriam para mim dimensões maravilhosas. Lembro-me particularmente de três quadros. Duas aquarelas representando Martigues, muito bonitas apesar de seu lado provençal um pouco pronunciado demais, e um ex-voto bem mais bonito. Nele se via um barco indo a pique, pego num tornado, e os passageiros que tentavam escapar do naufrágio tentando subir num precário bote. Precisei de muitos anos para entender que, se me refugiava no quarto andar, era para contemplar aquele naufrágio que me assustava no mínimo tanto quanto me fascinava. Congelado num presente eternamente atormentado, o quadro nada dizia sobre o futuro. Os passageiros seriam salvos ou pereceriam em pleno mar? Haveria sobreviventes resgatados da tempestade familiar?

Introdução

No sexto andar do imóvel havia duas mansardas. Uma servia de sótão, onde eram amontoadas velharias e coisas quebradas, os únicos tesouros de nossa família bastante pobre. Na outra, meu tio materno, homossexual, tinha instalado seu ateliê de fotografia, um cômodo aureolado de mistério e segredo. Com seus tecidos vermelhos revestindo as paredes, sua pequena clarabóia, suas bacias de revelação, seu cheiro de poeira e de produtos químicos misturados, evocava para mim simultaneamente o inferno e o paraíso. Era outro refúgio em caso de tempestade entre meus pais, quando, então, meu tio me autorizava a assistir na penumbra ao minucioso cerimonial da positivação de suas fotos. Sempre fotos de homens, na praia ou em outros lugares, geralmente nus e em poses provocantes.

Das brigas de que eu fugia, restam-me outras lembranças, mais vagas. Um automóvel, um Juva 4, levando-me para um destino desconhecido, locais não familiares de retirada, momentos de dúvida e de ruptura... que me obrigavam a me couraçar e me fechar para me proteger. Isolava-me em rituais defensivos, atirando bolas contra uma parede, tentando a cada vez bater meu próprio recorde. Ou então me refugiava sob os cavaletes das bancas de feira, vendo passar pernas de homens e de mulheres que nunca encontraria, e sofria pensando nessa parte do mundo que me seria para sempre desconhecida, eu que queria conquistá-lo por inteiro.

Afinal de contas, os únicos dias tranqüilos eram os do verão, quando minha mãe me levava para a casa da família que ficara na Itália. Durante aquelas poucas semanas, esperava com impaciência ela vir me buscar. No entanto, tão logo a via, parecia-me que gostava menos dela. A falta atiçava a necessidade que sentia dela. Felizmente, o transcurso do ano me reservava outros dias preciosos, aqueles em que a feira durava de manhã até de noite. Naqueles dias, estava livre dos meus pais. O tempo, a cidade e o mundo me pertenciam. Eu me pertencia. Precisava de meus pais e precisava me afastar deles. Sem saber, eles me ajudavam a tomar distância graças a suas brigas, que desviavam sua atenção de mim.

Precisei de muito tempo para conseguir voltar aos lugares de minha infância sem experimentar um sentimento de infinita solidão. Então filho único de duas sombras, buscava no sol do verão de Toulon os ruídos, cheiros e cores do mercado de frutas e legumes do qual me sinto proveniente.

Com a morte de meus pais e, antes deles, de minha avó, de meu tio e de Tatá, certo dia foi preciso esvaziar o reino familiar no qual até então eu me recusara a tocar, como se seus habitantes fossem voltar de uma hora para a outra. Substituindo a permanência dos seres, a permanência das coisas tinha me ajudado a domar a perda definitiva. Para lutar contra o vazio que esta deixa, tinha guardado uma preciosidade de cada um: a manjerona de minha avó, erva aromática que dava tanto sabor a sua cozinha, o quadro do naufrágio oferecido pelo amante de Tatá, algumas quinquilharias... Naquele dia, porém, tomado de uma espécie de furor, estava disposto a me livrar de tudo, juntando de qualquer jeito os frascos de cereja, as roupas, os eletrodomésticos quebrados... todos aqueles vestígios de todas aquelas vidas de que eu já não precisava para apoiar minhas lembranças. Já podia abandonar os objetos sem me sentir abandonado por aqueles que os tinham deixado ao morrer.

Na mansarda vermelha de meu tio, havia uma mesa de madeira ruim corroída pelo ácido. Ao virá-la, descobri uma inscrição em giz feita à mão pelo meu tio: "Amo Jean." Apaguei-a de imediato, apaguei a memória de meu tio, guardando na ponta dos dedos a poeira de sua história de amor. Ele tivera de confiar à sua mesa seu segredo inconfessável e agora eu era o único a conhecê-lo. Ao verem aquela inscrição, os empregados do serviço de limpeza encarregados de limpar a calçada certamente teriam pensado que ela fora escrita por uma mulher e, assim, teriam anulado meu tio. Preferi conservar por alguns instantes seu vestígio nos meus dedos como se, incrustando-o na minha pele, eu o impedisse de morrer completamente.

Quando olho retrospectivamente para minha vida, tenho a impressão de estar construído sobre as areias movediças da separação e da perda. Como todo o mundo, aliás... Porque a

Introdução

vida não passa de uma seqüência de quebras, rupturas, reencontros e desaparecimentos. No entanto, tudo começa com uma fusão, em que a mãe e o filho fazem um só, fusão impensável, vital até, na qual a criança vai buscar força e segurança para ir conquistar o mundo. De fato, todo o seu desenvolvimento posterior aparece como uma seqüência de separações: separação do ventre materno, separação do seio, separação de um pedaço de si com a aprendizagem do controle esfincteriano... Também terá de se separar de uma babá ou de uma professora, de uma casa, de um brinquedo, de um animal doméstico, de um amigo ou de um parente. A cada vez, a criança tem de se separar de um mundo para poder conquistar um novo. Toda separação é uma provação de que ela sai crescida e mais humana, uma provação através da qual aprende que é impossível ganhar se não aceitar perder, o prazer da conquista vindo acalmar a dor da perda.

A primeiríssima infância se parece com uma fortaleza em que se vive num ambiente quente e protegido e em que há uma fartura de sensações tranqüilizadoras que ajudam a se sentir mais forte. No entanto, é do outro lado dos fossos que começa o mundo. Então, os pais têm de se transformar em pontes-levadiças para que o filho possa sair do encerramento, enfrentar o exterior, que reserva algumas belas surpresas, mesmo não estando isento de perigos. Sabemos que a criança não é nem todo-poderosa nem invencível, mas é preciso confiar nela e assegurá-la de que poderá voltar ao castelo sempre que assim desejar. Não devemos temer que não volte e nos esqueça, porque ninguém nunca se livra de sua infância.

A infância é uma seqüência de primeiras vezes: a primeira vez que andamos, a primeira vez que falamos, a primeira vez que andamos de bicicleta, a primeira vez que brigamos, a primeira vez que levamos uma palmada, a primeira vez que vamos à escola, a primeira vez que ficamos com medo do lobo, a primeira vez que catamos uma concha para nela escutar o mar, a primeira vez que vemos o reflexo da neve no topo de uma montanha banhada de sol, a primeira vez que vamos dormir na casa de um amigo, a primeira vez que atravessamos sozinhos a rua... Por isso é preciso guardar a infância consigo, cultivar esse desejo de conquista que nos promete outras primeiras vezes. Elas são sempre mais belas que as segundas. A natureza humana é feita de tal modo que buscamos sempre o deslumbramento inicial e aquela fusão original que acreditamos ter esquecido, mas que deixa em cada um de nós marcas indeléveis.

Portanto, a vida toda vamos aprender a navegar entre estas duas necessidades vitais: ligar-se e separar-se, apegar-se e desapegar-se, ir embora e voltar, abandonar e reencontrar... Fusão, separação, individuação, dizem os psicanalistas, é uma seqüência que nunca termina de se repetir. É preciso separar-se para ter possibilidade de se tornar dono de si, esse si que não cessará de se afirmar, tornando possível a criação de novos laços, de novas relações, sem que nos deixemos aprisionar por elas com o risco de nos perdermos.

É possível separar-se sem sofrer? Não, aprendemos no máximo a criar estratégias defensivas para sofrer o menos possível com a separação, que é sempre difícil. Por isso de nada serve ordenar a uma criança: "Seja autônoma!", sem levar em conta suas capacidades. O trabalho dos pais consiste em identificar as menores tentativas de autonomização de seus filhos e não em se adiantar a elas. É um trabalho de atenção e de respeito, que impõe aceitar a idéia de que a criança não pertence a seus pais; estes são apenas suportes, rampas de lançamento para ajudá-la a alçar vôo. A oposição, a contestação, a provocação, a rebelião não são provas de desamor, mas sinais de evolução e de maturação, uma maneira de a criança pedir: "Me larga!" Quando não a escutamos ou procuramos fazê-la calar, o drama começa...

O amor, a afetividade, que hoje passaram a ser os valores supremos sobre os quais a família se constrói e servem de medida para tudo, não devem ser sinônimos de fusão e de indiferenciação. Se queremos que o amor dure para sempre, temos de deixar que ele se transforme, suportar as explosões, os conflitos, as ausências, as rupturas e os eclipses. Se queremos que o vínculo resista sem se romper, é preciso saber flexibilizá-lo. O amor, sim, com a condição de que ele não impeça a autonomia, mas a favoreça. Amar um filho é ajudá-lo a se separar de nós para que possa tornar-se ele mesmo e se afirmar como ser autônomo, em seus atos e pensamentos. Por trás da questão da autonomia, está em jogo também a da liberdade fundamental do indivíduo. Há perspectiva melhor com que possam sonhar os pais?

1. No começo era a fusão

A fusão não dura apenas o tempo da gravidez, deve se prolongar durante as primeiras semanas de vida da criança, que precisa da mãe para sobreviver. Portanto, o nascimento não aparece como uma primeira separação. Embora o cordão umbilical que liga o bebê à sua mãe esteja efetivamente cortado, ele perdura, psíquica e simbolicamente, pelo aleitamento, mas também por todos os cuidados maternos que pouco a pouco vão dando à criança o sentimento de sua própria existência.

Separações precoces demais

Rafael, que em breve irá completar seis anos, tem dificuldades para falar. Tropeça nas palavras, que ficam bloqueadas como se estivessem se recusando a sair. Sua gagueira começou quando ele tinha 18 meses, no momento do aprendizado da linguagem. Rafael é acompanhado por um fonoaudiólogo que, por ocasião de uma avaliação, lhe perguntou o que tinha acontecido na vida dele que pudesse explicar sua gagueira, mas o menininho se recusou a falar sobre isso com ele, tal como se recusa atualmente a fazê-lo comigo. Então é sua mãe que me conta sua história: o filho tinha mais ou menos 18 meses quando ela derramou óleo fervendo de *fondue* sobre toda a parte inferior do próprio corpo. Com queimaduras de terceiro grau, precisou ficar internada muito tempo. Como os serviços hospitalares finalmente entenderam que não se deve separar os filhos dos pais, Rafael tinha autorização para ver a mãe, mas a cada vez batia nela violentamente.

Parece evidente que essa separação precoce provocou no menino uma angústia determinante, responsável tanto por sua agressividade contra a mãe quanto por sua gagueira. Por volta dos 18 meses, estava entrando na fase de oposição, período em que as crianças dizem "não" a tudo para se afirmar como seres autônomos e se separar um pouco dos pais. Em vez de dizer não, Rafael batia na mãe, a fim de puni-la; aos seus olhos de criança ainda muito dependente, a mãe era má por estar doente, já que ele vivia a internação como um abandono. Batia nela para forçar um contato difícil de se estabelecer, devido ao afastamento e aos encontros espaçados, que duravam apenas o tempo de uma visita. A ausência materna criava nele uma carência relacional que ele se esforçava para paliar batendo. Nele, a agressividade era mais física que verbal. Não conseguia materializar e pôr palavras no trauma que a separação precoce da mãe representava para ele. Então, desde aquela época guarda as palavras como se tivesse medo de perdê-las também, medo de se separar delas. Sua mãe me diz claramente: "Sou obrigada a fazê-lo repetir três vezes a mesma coisa, assim ficamos mais tempo juntos." Pode-se então pensar que Rafael gagueja para forçar a mãe a escutá-lo mais, a estar mais atenta a ele, a lhe dedicar mais tempo.

De fato, a linguagem é um extraordinário separador. É o fim do pele com pele, da comunicação que se dá apenas pelo toque, pelas mímicas. Ao aprender a falar, a criança toma distância dos pais; entre eles passará a haver as palavras, as palavras por meio das quais a criança se afasta, particularmente dizendo "não", mas também dizendo "moi" (eu) e depois "je" (eu)*. A criança sempre começa dizendo "moi", afirmação de si mais gloriosa e evidente do que o "je", mais modesto. Aliás, durante toda a nossa vida o "moi" virá reforçar o "je" quando tivermos necessidade de dar mais peso a nossas palavras: "Moi, je pense que..." ("EU acho que..."), "C'est moi" ("Sou EU"), como se, por obra e graça do "moi", o "je" se tornasse indiscutível.

....

* Particularidade do francês, que, para a primeira pessoa do singular dispõe de duas formas pronominais que podem ter a função de sujeito – "je" e "moi". São inúmeras as diferenças de uso entre essas duas formas, mas aqui interessa destacar sobretudo a função do "moi" como reforço do pronome "je". Por exemplo, a tradução literal de "Moi, je veux ça" é "Eu, eu quero isso". Como em português não há esse recurso, na linguagem falada o reforço se faz pela entonação ("EU quero isso"). [N. da T.]

Portanto, ao reter as palavras, Rafael retém sua mãe perto de si de maneira regressiva. Trata-se, aliás, de uma mãe de muito valor, que entende claramente que grande parte de seu grude com o filho se deve à culpa de não ter cuidado o suficiente dele por causa da internação. Posteriormente, sofreu um aborto que a aproximou ainda mais de Rafael.

Viver é se separar para crescer e ganhar autonomia. Contudo, existem separações "naturais", às quais a própria criança aspira à medida que se desenvolve e adquire novas capacidades, e separações impostas, a internação de uma mãe, por exemplo, sempre dolorosas, às vezes dramáticas.

Em 1945, René Spitz observou a reação de bebês precocemente separados da mãe e descreveu sob o termo "hospitalismo" "o conjunto de perturbações físicas e mentais devidas a uma carência afetiva nos 18 primeiros meses de vida, seja porque a criança foi abandonada, seja porque teve de ser colocada numa instituição ou hospitalizada por um longo período". O quadro de Spitz se aplica também "às crianças que sofrem repetidas separações da mãe e àquelas que recebem da parte dela cuidados nitidamente insuficientes, sem que a maternagem de outras pessoas venha compensar essa falta".

Quais foram as observações de Spitz? Durante o primeiro mês de separação, a criança se mostra triste, chora sem motivo aparente, mas busca o contato tentando desesperadamente agarrar qualquer adulto que passe por ela. No segundo mês, a tristeza continua, mas a criança empenha menos energia na busca de contato. Seu desenvolvimento físico fica perturbado e, freqüentemente, ela perde peso. Finalmente, a partir do terceiro mês, ao mesmo tempo ansiosa e indiferente, a criança recusa todo contato. Geralmente deitada de barriga para baixo, a criança tem insônia, recusa alimento. Seu sistema imunológico se enfraquece e ela adoece facilmente. Seu retardo psicomotor se generaliza, tem menos tonicidade que as outras crianças, mal consegue ficar sentada ou nem o consegue, não tenta andar...

Depois de três meses de separação, a expressão de seu rosto se enrijece, o olhar parece ausente. A criança não sorri, mas tampouco grita ou chora, emitindo, no lugar disso, uma espécie de gemido enquanto faz movimentos ou gestos repetitivos, comumente chamados de estereotipias.

Quanto mais cedo o filho é separado da mãe, mais graves são os distúrbios, ainda que possam ir se atenuando com o reencontro. Entre três e oito meses de idade, período em que se forma a relação objetal com a mãe[1], se a separação durar mais de cinco meses, os distúrbios serão irreversíveis. A partir dos seis meses, uma certa forma de relação com a mãe já se estabeleceu embora a identificação com uma imagem estável ainda não seja possível. A criança terá distúrbios do desenvolvimento psicomotor mais ou menos reversíveis, uma fragilidade física que fará dela um alvo fácil para todo tipo de infecções banais e, sobretudo, distúrbios de comportamento que vão de distúrbios do humor a um retraimento que pode ser chamado de autista.

Sem dúvida, atualmente ninguém pensaria em separar uma criança doente da mãe. Na época de Spitz, as coisas eram diferentes. Suas observações viriam revolucionar o mundo da pediatria e da neonatologia, mostrando de maneira indiscutível que a criança não era, ao contrário do que se queria crer, apenas um tubo digestivo. Descobria-se, com grande espanto, que o bebê é uma pessoa, dotada de sensações, de sentimentos (não elaborados). Não tem apenas necessidades vitais (ser alimentado, lavado), mas também necessidades afetivas (ser amado, estimulado).

Os primórdios do apego

Outro dia, em Balagne, achei que era um herói. Andando por uma estrada rural, vi um rebanho de ovelhas vindo na minha

....

1. Momento em que a criança começa a se perceber como sujeito e em que percebe a mãe como outro, como objeto.

direção, seguido de pastores que gesticulavam e gritavam para que eu detivesse os animais. Postando-me no meio da via, também me pus a gesticular, esgoelando-me com as ovelhas para convencê-las a deter seu avanço. O caminho estava deserto, elas não corriam nenhum perigo; por que aquele ataque de autoridade por parte dos pastores? Porque uma delas acabara de parir e, em vez de cuidar de seu cordeiro, seguira os outros animais que se afastavam movida por seu instinto gregário. Logo, o cordeiro corria perigo de morte. Se, durante as três primeiras horas depois do nascimento, a mãe não ficar perto dele para alimentá-lo, lambê-lo, limpá-lo, cheirá-lo e aquecê-lo, já não poderá fazê-lo depois porque não reconhecerá o filhote e nenhuma outra ovelha poderá reconhecê-lo em seu lugar.

É sem dúvida fácil entender o quanto me orgulho de ter conseguido deter o rebanho, autorizando assim o encontro da mãe com seu recém-nascido e salvando desse modo um cordeiro em perigo por ter sido abandonado pela mãe. Claro, o interesse dessa "façanha" não está em me cobrir de glória; se relato esse episódio, é para mostrar a importância do que se chama estampagem sensorial, a partir da qual a relação entre uma mãe e seu bebê poderá se estabelecer. A vida do bebê e sua capacidade de se relacionar com os outros, a começar pela mãe, estão fundadas numa base orgânica, biológica e bem pouco psicológica. Pois, como vocês devem ter entendido, o que vale para as ovelhas e os cordeiros se aplica aos animais racionais que somos, tal como mostraram John Bowlby e os etólogos. Para Bowlby, o apego de que é capaz um bebê não é resultado de uma aprendizagem; é uma reação primária, uma manifestação de sua estrutura instintiva de pequeno homem. Através do contato carnal – cheiro, som da voz, textura da pele, suavidade dos gestos – é que se cria um mundo de sensorialidade em que vai se enraizar e desenvolver a capacidade de apego com que a criança nasce. Graças a essa sensorialidade, a criança e a mãe vão poder se reconhecer e se apegar mutuamente.

Pois, se o bebê precisa fusionar, felizmente a mãe também está apta para isso. Durante os nove meses de sua gravidez, ela desenvolveu um sistema de sinais – que é também um sistema de comunicação – adaptado a seu bebê. Essa fusão orgânica não termina com o nascimento, ela perdura durante os três primeiros meses, que Winnicott chama de "os cem dias de amor louco". A mãe fica totalmente voltada para o bebê, devotada a ele, cheia de uma solicitude especial, que o pediatra inglês também designa pelo nome de "preocupação materna primária". Durante esse tempo é que se funda o sentimento mútuo de pertença deles.

O bebê não se percebe como diferente da mãe, é seu prolongamento, simbolizado pelo aleitamento. Quanto à mãe, tem a impressão de que o filho faz parte dela. Identifica-se com ele, sabe o que ele sente e, como ele, fica num estado de dependência e vulnerabilidade. Não se contenta em alimentá-lo, cuida dele, lava-o, embala-o, acaricia-o, carrega-o, tenta decifrar seus choros e satisfazer as necessidades que eles exprimem, brinca com ele, canta-lhe canções de ninar e lhe murmura palavras doces, adaptando sempre suas respostas e seus cuidados ao bebê, garantindo-lhe assim uma continuidade de existência. Entre a mãe e seu bebê, os movimentos são recíprocos, um e outro se influenciam mutuamente.

Para Winnicott, o crescimento afetivo da criança passa por três etapas. Uma etapa de dependência absoluta, fisiológica e afetiva, durante a qual o bebê ainda não tem condições de tomar consciência dos cuidados maternos e não diferencia necessidade de falta. Em seguida, entre 6 e 18 meses, vem o tempo da dependência relativa. Quando a mãe se ausenta, o bebê chora, pois aparece a angústia, sinal de que ele percebe sua dependência. Quando tem fome, reclama balbuciando ou chorando, e sua mãe satisfaz sua necessidade. Em pouco tempo, contudo, apenas a satisfação de sua necessidade vital já não lhe basta; apesar de tudo, subsiste uma falta, que é falta do outro e de onde nascerá o desejo. A criança começa a existir como sujeito e percebe uma diferença entre si mesma e o outro. Enfim, a partir dos dois anos, por ter introjetado a imagem e os cuidados maternos – já é capaz de conservar mentalmente a imagem da mãe e sabe que ela voltará para responder a suas necessidades –, a criança poderá obter a independência – independência muito relativa, claro –, graças sobretudo à aquisição da linguagem. Se o pequeno Rafael ficou bloqueado nessa etapa, foi porque foi privado da presença da mãe naquele momento tão fundamental, o que nos mostra que a separação transcorre de uma maneira melhor se for acompanhada e estimulada.

Devemos sublinhar aqui que, embora a fusão seja essencial durante os primeiros meses, tem de terminar gradualmente graças à mãe, que pouco a pouco vai dando respostas menos adaptadas a seu bebê, possibilitando assim que ele se perceba diferente dela. Aquela que não for capaz dessa desadaptação "fracassa", nas palavras de Winnicott, "ao não dar a seu bebê motivos para sua raiva. Ora, o bebê que, apesar de ter dentro de si uma quantidade habitual de elementos agressivos, não tem motivos para estar com raiva se vê diante da dificuldade particular de fundir agressividade e amor". Em outras palavras, a mãe tem de poder renunciar a seu desejo de ser uma mãe perfeita, sempre satisfatória, para ensinar ao bebê a frustração que lhe dará o gosto de ir conquistar o mundo a fim de suprir a falta sentida.

O apego impedido

Graças a Winnicott e particularmente a Spitz, todos os especialistas da primeira infância são agora "fusionistas" convictos e, tanto em neonatologia como em pediatria, todos têm consciência da necessidade de favorecer o apego. Já contei[2] a história de uma jovem mãe que padecia de psicose puerperal, essa forma de psicose, felizmente rara, em que a mulher vê o filho como um representante do diabo e quer se livrar dele,

....

2. *Tudo o que você jamais deveria saber sobre a sexualidade de seus filhos*, São Paulo, Martins Fontes, 2005.

matá-lo. Por ser perigosa para o filho, seria lógico afastá-lo dela e confirmar a não-fusão que ela instaura devido a sua patologia. No entanto, o que se percebe é que, diante de uma mãe impedida – sejam quais forem as razões desse impedimento –, o bebê, sempre ávido, agarra-se a ela ainda mais. Por meio de suas mímicas, balbucios, movimentos, demonstra uma grande capacidade de captação, como se pressentisse que não deve poupar esforços para vincular a mãe a ele. Com todas as suas forças, tenta atrair o olhar que o evita. Se, apesar da energia despendida, a mãe não responder a suas solicitações, a criança vai se esgotar e desistir, voltando-se cada vez mais sobre si mesma até apresentar todos os sintomas do hospitalismo de Spitz – a menos que uma mãe substituta, que pode ser o pai, venha garantir a função de maternagem de que ela necessita.

Nas unidades materno-infantis, faz-se de tudo para favorecer o apego. No caso que acabei de mencionar, reservamos para a mãe e seu bebê momentos compartilhados, sempre mediados pela presença de um terceiro pronto para intervir em caso de acesso de violência materna, pois o essencial era que a criança pudesse encontrar, através do contato com ela, ainda que forçado, certa segurança, e que a mãe, apesar de sua patologia, conseguisse estabelecer o esboço de um vínculo com seu filho. Nessa fase, a separação parecia mais prejudicial que o apego, por mais imperfeito que este fosse, tanto mais que, sendo a patologia da mãe muitas vezes transitória, ela tinha todas as chances de poder criar posteriormente uma relação satisfatória com seu bebê.

Para haver fusão é preciso haver dois. Cada qual por seu lado, a mãe e o bebê têm de estar dotados de capacidade de fusão. Esta fracassa – em todo caso, transmite menos segurança para a criança – quando um dos dois está impedido. É o que às vezes acontece quando a mãe está deprimida, por exemplo. A depressão desempenha então um papel no estabelecimento da interação: a mãe está menos disponível, menos atenta, muitas vezes se limita aos cuidados essenciais que devem ser fornecidos ao bebê e o acalenta menos, acaricia-o menos, brinca menos com ele; há transmissão de afetos depressivos da mãe para o bebê, que terá menos capacidade de entrar em contato com as pessoas e os objetos, de estabelecer relações.

Isso implica a necessidade de apoiar e ajudar as mães em dificuldade, para que elas possam, apesar de tudo, oferecer ao filho a segurança de que ele precisa nos primeiros meses, pois é nesse período que se cria um apego mais ou menos seguro que será determinante para sua futura aquisição de autonomia.

Uma psicóloga canadense, Mary Ainsworth, observou crianças de 12 a 18 meses por ocasião de uma curta ausência da mãe. Algumas manifestam um pouco de angústia, depois retomam suas atividades e são capazes de entrar em interação com outros adultos; são as crianças seguras. Outras vão manifestar pouca reação de desespero ante a ausência da mãe, mas a ignoram quando volta; são as inseguras evitativas. Outras, por fim, vão exprimir sua angústia e seu desespero durante toda a sua ausência, e terão muita dificuldade de recuperar a paz quando ela volta; são as inseguras resistentes.

Quanto mais intensa a fusão, mais segurança a criança terá retirado dela e mais capaz será de suportar a ausência materna, que ela então aproveitará para explorar o mundo externo. A criança insegura, por sua vez, buscará sempre a mãe ou a evitará de modo evidente, sem por isso conseguir investir outras pessoas ou outros objetos. Para a primeira, passado o movimento inicial de ansiedade, a mudança se revela divertida, interessante, excitante; para a segunda, continua sendo fonte de angústia. Na ausência da mãe, privado de referências, o bebê se retrai, como se o único objeto estável de tranqüilização fosse seu próprio corpo. Em vez de se abrir para o exterior, a criança insegura é autocentrada e seu aparelho psíquico não lhe serve para entrar em contato com o mundo e sim para remoer seus pensamentos.

Se a criança consegue se separar, é porque está convencida de que vai encontrar a mãe um pouco mais tarde, o que supõe que a mãe tenha sido "suficientemente boa" – segundo a expressão agora consagrada –, isto é, que lhe tenha dado cuidados, atenção e devoção suficientes. Do contrário, terá sempre uma fragilidade, reavivada a cada separação.

Embora eu costume afirmar que nada nunca é imutável e que tudo pode se mover sem parar – no que de fato acredito –, deve-se reconhecer que, de certo modo, boa parte do desenvolvimento da criança e de sua capacidade de adquirir autonomia e de crescer está enraizada nos seis primeiros meses de vida. Continuo no entanto convencido de que um apego inseguro é melhor do que nenhum apego. Pois, se no primeiro caso a criança pode ter dificuldade de se desapegar, no segundo estará impossibilitada de estabelecer outros laços.

Alguns nascem privados dessa capacidade de apego, particularmente as crianças autistas. Por muito tempo, ouviu-se que os pais eram em parte responsáveis por essa patologia. Ora, constata-se que o autismo começa *in utero*, pois estaria inscrito no funcionamento neurológico do feto. Pesquisadores do CNRS mostraram que nos autistas, já durante a gravidez, certas zonas cerebrais não são ativadas, o que provoca um atraso do desenvolvimento. Um autista, por exemplo, é sensível a um barulho de fricção, mas não reage à atroada de um trem passando; não há nele discriminação auditiva. No fundo, o autista não diferencia a voz da mãe, e é em parte por isso que não pode interagir com ela. Durante certo tempo, é possível que a mãe não perceba essa incapacidade, porque projeta no seu bebê aptidões que ele não tem, interpreta suas reações de maneira positiva, transforma seus grunhidos em balbucios. No entanto, o autista não consegue fusionar. Nasce isolado em si mesmo. Nascendo isolado, privado de capacidade de contato, sem poder interagir com a mãe, terá as maiores dificuldades de estabelecer vínculos posteriormente.

O apego atrás das grades

Leo é um menino cativante, vivo e inteligente, mas demonstra uma agressividade exagerada para com seus amiguinhos da pré-escola. Também manifesta grande ansiedade, que se revelou depois de um incidente aparentemente trivial. Um dia em que ventava muito, como tantas vezes acontece no Sul da França, o lustre do quarto dele começou a tremer sob o efeito de uma corrente de ar e depois caiu e quebrou. Isso criou no menino tamanho estado de pânico que ele não quis mais ficar no quarto. Desde então, instalou-se no quarto da irmã, mas nem isso conseguiu acalmá-lo totalmente.

Os pais de Leo se separaram quando ele tinha 20 meses. A guarda da criança ficou com a mãe. Porém, num conflito profissional, ela perdeu o controle e agrediu um de seus empregadores ferindo-o, o que acarretou sua prisão por lesão corporal. Na época, estava grávida e deu à luz uma menininha enquanto estava presa. Portanto, quando ela saiu da prisão, Leo reencontrou uma mãe potencialmente perigosa e uma irmãzinha totalmente desconhecida que tinha podido desfrutar da sua mãe, enquanto ele estava privado dela e fora confiado aos avós. Era como se sua mãe o tivesse abandonado para melhor se dedicar a essa irmã, que lhe parecia mais rival ainda por ter lhe tirado fisicamente a mãe.

Deve-se reconhecer que esta é uma situação um pouco complicada e de difícil compreensão para uma criança tão pequena. Leo bate no mundo, como que para puni-lo por não ter lhe dado o lugar que lhe cabia. Ao mesmo tempo, identifica-se em parte à agressividade materna. Está na idade em que a criança percorre a gama de todos os medos, mas seu medo tão particular do lustre que se quebra certamente o remete à violência materna capaz de "quebrar" as pessoas se elas a desagradarem.

Leo precisa de uma terapia para expor suas angústias e aprender a verbalizá-las. Na terapia, consegue falar de sua agressividade e não poupa esforços para controlá-la, embora, num primeiro tempo, isso continue sendo difícil para ele. Pega brinquedos e logo em seguida os rejeita, violentamente, dizendo em seguida para se desculpar: "Eu queria ele, mas não gostava dele." Progride, embora continue instável, manifesta muita impulsividade em seus atos e uma vontade de mandar em tudo e controlar tudo, como se quisesse que o mundo incompreensível se dobrasse a seus desejos. A mãe faz o possível para controlar os transbordamentos do filho; no entanto, sente-se que ela se contém para não ceder à própria agressividade. Parece ter dificuldade para entender por que o filho cria tantos problemas enquanto a filha é tão engraçadinha, apesar de ter nascido em condições difíceis e ter passado os primeiros meses de vida na prisão perto dela.

A explicação está justamente no fato de a filha ter podido ficar com ela. Hoje em dia, uma criança pode viver com a mãe presa durante seus 18 primeiros meses de vida, e é preciso comemorar esse fato. Essas mulheres, geralmente em dificuldade em outros aspectos da vida, revelam-se excelentes mães, porque, na prisão, têm tempo livre e disponibilidade para cuidar do filho, ao passo que, fora, seriam mais tóxicas, talvez, em todo caso menos atenciosas. Ao mesmo tempo, a criança que vive em condições carcerárias, com tudo o que isso supõe de encerramento, mas também de fusão, muitas vezes manifesta um temor bastante intenso do mundo exterior. Deve-se, por isso, incentivar sua estada em creche durante o dia para acostumá-la a desgrudar da mãe e enfrentar o mundo externo.

Se a irmã de Leo está bem é porque pôde desenvolver um apego seguro com a mãe, ao passo que o menininho se sentiu rejeitado, mostrando uma vez mais o sofrimento que uma separação precoce da mãe pode provocar.

Sobreviver ao abandono

Esta é a história de duas irmãs que poderíamos descrever de modo um tanto caricatural dizendo que uma era bonita e a outra, inteligente. Reforçando a caricatura, a "inteligente" se tornou professora e assim continuou ao longo de toda a sua vida solitária; a "bonita" teve casos, sempre passageiros e infelizes. De um desses relacionamentos nasceu uma menina, de quem a tia cuidou muito. Tendo crescido, essa menina teve por sua vez casos sem futuro, dos quais nasceram vários filhos que ela abandonou.

É com uma dessas crianças que me encontro, e com sua tia-avó, a "inteligente". Adolescente difícil, exprime por seu comportamento toda a infelicidade de sua curta existência. Abandonado pela mãe no sétimo dia, foi colocado numa família substituta, sem nenhum contato nem com a mãe nem com a avó. Somente sua tia-avó continuou a visitá-lo de tempos em tempos. Maltratado pelo pai de sua primeira família substituta, esse menino foi colocado numa nova família, na qual foi agredido e abusado. Aluno brilhante num primeiro momento, teve no entanto grandes dificuldades com seus colegas de escola, que costumavam transformá-lo em bode expiatório. De tal modo que, paulatinamente, foi desinvestindo totalmente os estudos e se fechou num comportamento agressivo e violento.

É então um jovem adolescente, e um juiz de menores não encontrou nenhuma solução melhor do que confiá-lo a sua tia-avó, sem recomendar nenhum apoio psicológico para nenhum dos dois. A pobre mulher de 70 anos logo se sentiu suplantada por aquele moço, que começou a espancá-la, batendo na cabeça dela enquanto repetia que não queria que ela morresse. A tal ponto que, já sem forças, acabou pedindo que ele fosse novamente colocado em alguma família. Ela me conta a história, chorando: "Nada na minha vida deu certo. Esse menino era como o filho que não tive, mas, como minha irmã e minha sobrinha, não consigo fazer outra coisa senão abandoná-lo."

Esse adolescente mostra uma incapacidade de estabelecer vínculos. Abandonado precocemente, sempre jogado de família em família, numa assustadora carência afetiva, está como que castrado de sua capacidade de entrar em contato e instaurar uma relação com quem quer que seja. Ao mesmo tempo que sabotam qualquer esboço de vínculo, a agressividade e os tapas são o único modo de comunicação que ele consegue conceber, porque foi o único que conheceu e a única maneira que ele tem de mostrar à tia-avó que gosta dela.

Independentemente de quais sejam as razões do abandono – que não compete a mim julgar –, pode-se imaginar o rombo que ele cria? Assim como expulsa a placenta, a mãe expulsa seu bebê e imediatamente o rejeita, privando-o da fusão de que ele precisa. O corte do cordão umbilical, mais que um desligamento, é um arrancamento.

A criança sempre pensa que deve ter sido muito má para que sua mãe a tenha abandonado. Experimenta um sentimento de culpa e de vergonha que, logo de início, mina os rudimentos de sua auto-estima. Embora tenha dificuldade de conceber que sua mãe seja má, fica no entanto na ambivalência, presa de acessos de ódio em relação àquela que não quis amá-lo. O abandono é a certeza de não ser amado e, pior ainda, de não ser amável.

Felizmente existem abandonos que terminam menos mal, por uma adoção ou uma colocação em família substituta. Mas isso teria de ser feito nas primeiras semanas de vida, para que a criança tenha a possibilidade de criar um apego com uma mãe substituta. Em Lodz, Polônia, um certo Janusz Korczak entendeu isso muito bem. Em 1912 – portanto, bem antes dos trabalhos de Spitz –, esse médico criou um orfanato-modelo. Modelo porque, em vez de passar de mão em mão na fila das mamadeiras e dos banhos, cada criança era acompanhada sempre por uma mesma puericultora. Podia reconhecer seu contato, sua pele, seu cheiro, sua voz, suas entonações, o que lhe garantia uma continuidade que substituía a continuidade orgânica com a mãe biológica. Graças à inteligência e à sensibilidade desse médico genial – que mais tarde se recusou a deixar as crianças partirem sem ele nos trens da morte –, os pequenos órfãos de Lodz tinham um desenvolvimento mais harmonioso e reais capacidades de apego.

O medo do abandono é sem dúvida uma das coisas mais bem distribuídas do mundo. Para conjurar esse medo fundamental, quase constitutivo da natureza humana, todos os pais contam aos filhos contos de fadas nos quais o herói ou a heroína foi abandonado(a)... Assim a criança pode avaliar a sorte que tem de ter perto de si pais que lhe leiam esse tipo de história. No entanto, por mais que se leiam e releiam todos os contos de fadas da terra, ninguém nunca conseguirá se livrar totalmente do medo do abandono. Como se, no fundo de nós mesmos, guardássemos as marcas do tempo da fusão em que não podíamos satisfazer sozinhos nossas necessidades e da angústia arcaica de que a ausência da mãe se prolongue indefinidamente, pondo-nos então em perigo de morte. No fundo de cada um de nós há uma criança insegura adormecida.

Existem duas maneiras de perder e de se separar. Às vezes, a decisão é nossa; às vezes, somos submetidos a isso. No primeiro caso, a perda se torna suportável, porque podemos controlá-la; no segundo, é mais difícil. A criança abandonada está condenada a sofrer o inaceitável. Por isso, para tentar protegê-las um pouco dessa dor, às vezes se diz às crianças abandonadas que a mãe delas morreu, sendo a morte a única razão aceitável do abandono. Pois a morte é sempre um abandono. Quando nossos pais morrem, quando somos abandonados por uma pessoa que amamos, todos nós, crianças e adultos, ficamos à mercê desse sentimento de abandono que provoca um desespero absoluto.

Outro dia, atendi um garoto de 14 anos que perdeu o avô, o pai e o tio no tsunami que devastou a Indonésia. Ele diz que todo um pedaço dele foi engolido pela onda, que ele se sente abandonado porque nenhum daqueles três homens conseguiu resistir ao vagalhão para ficar com ele... Ainda que saibamos que não se pode impedir ninguém de morrer, continua aflorando, a despeito de nós mesmos, a idéia de que talvez pudéssemos... Para nos defendermos dessa culpa, nós a voltamos contra o outro, que se torna um parente abandonador a despeito de si mesmo.

O sentimento de abandono não poupa nem mesmo os psiquiatras. Minha mãe morreu faz quatro anos, mas a cada aniversário meu, por não escutar seu "Feliz aniversário, meu docinho", eu me sinto um pouco abandonado.

Somos todos órfãos inconsoláveis, abandonados crônicos.

2. Crescer é se separar

Para que seja benéfica, a fusão tão essencial das primeiras semanas tem de encontrar um fim. Paulatinamente, a mãe e o filho vão aprender a se largar mutuamente, sobretudo graças aos chamados "terceiros separadores" – o primeiro é o pai –, que irão se imiscuir na relação dual deles, criando espaços de diferenciação.

O desenvolvimento psicomotor da criança constitui-se, pois, de uma seqüência de separações. O desmame, a aprendizagem do andar, da linguagem e do controle dos esfíncteres representam o que Françoise Dolto designava pelo termo "castrações simbólicas": perdas sucessivas que, a cada vez, permitem à criança conquistar novos territórios e uma nova autonomia.

O pai, rompedor de fusões

Martin tem 6 anos e, praticamente de cara, declara: "Vou lhe contar um segredo, só brincava com meninas na pré-escola." Os pais dele vêm me consultar justamente porque acham o filho feminino demais e estão preocupados com uma possível homossexualidade.

Martin está de fato numa identificação feminina intensa com a mãe, que vive numa forte fusão com ele. Quando ela me conta sua história, entendo melhor o motivo disso. Essa mulher viveu uma infância devastada. Abandonada ao nascer, colocada em seguida em sucessivas famílias, foi maltratada várias vezes. Um pouco mais tarde, tendo conseguido encontrar o pai biológico, foi seviciada por ele. Teve um primeiro casamento infeliz, antes de encontrar o pai de Martin, mas, pouco tempo depois, descobriram que ela estava com uma doença no colo do útero que exigiu várias intervenções cirúrgicas. No entanto, foi durante essa doença que se viu grávida de Martin. O investimento no menino é ainda maior porque considerava impossível qualquer gravidez e ele representa para ela uma oportunidade para reparar sua própria infância. Ela fusiona com ele como ninguém nunca fusionou com ela, se esforça para ser uma mãe onipresente quando sua própria mãe nunca esteve ao seu lado.

Na vida dessa mulher, o masculino foi tão hostil, potencialmente tão perigoso, que Martin não pode aderir a um modelo masculino, pois isso equivaleria a trair a mãe. Captando o trauma materno, ele não pode buscar num homem um modelo satisfatório de identificação, ou seja, isento de periculosidade. Caso se afirmasse como pequeno homem, também ele se tornaria suscetível de fazer mal à mãe.

O pai parece ser um homem gentil e cortês, mas fica um pouco de lado do casal formado pela mulher e pelo filho. Se não se imiscui mais é por respeito à história da mulher, à sua necessidade de fusão e de amor. "Deixo-os em paz porque acho que é bom para ela", diz ele. Para que a situação se resolva, para que Martin se separe da mãe por quem está tão apaixonado, o pai tem de tomar seu lugar, tem de desempenhar seu papel de descolador da díade mãe-filho, papel paterno por excelência que até agora não cumpriu. Martin exprime isso a seu modo, dizendo que nunca faz nada com seu pai.

Maud, 5 anos, diz que não gosta de ir à escola. Aliás, ela não freqüentou o berçário porque sua mãe achava que não era indispensável e aceitou ficar cuidando dela. Atualmente, as dificuldades da menina para se inserir na vida escolar que principia fazem pensar num começo de fobia escolar. Sente as maiores dificuldades do mundo para se afastar da mãe e exprime um temor bastante intenso da morte.

Esta é mais uma história de intensa fusão entre uma mãe e seu filho. Fusão exagerada que se explica pelo fato de, durante a gravidez, a mãe de Maud ter perdido o pai e a mãe ter morrido pouco depois. Após as duas perdas sucessivas, que são também uma perda do triângulo edipiano, a mãe de Maud sem dúvida precisou criar um novo casal com a filha, que é para ela sua verdadeira família. É visível que também vivia numa relação muito fusional com sua própria mãe porque, como diz, "eu não ficava um dia sem vê-la".

Como sempre, podemos nos perguntar quem induz e solicita a fusão. Creio que a responsabilidade é, em primeiro lugar, da menininha. Ela nasceu com uma capacidade fusional exacerbada e sem dúvida precisa, mais que outras crianças, colar, mas essa "colagem" foi ainda mais excessiva porque a mãe sofreu dois lutos sucessivos, que sem dúvida reforçaram sua própria capacidade de fusionar; grudando na filha ela sem dúvida procurava preencher o vazio criado pela perda dos pais.

O pai de Maud está presente na consulta. Parece bem distante desse sistema fusional, mas nem por isso indiferente, muito pelo contrário. Mostra-se tolerante e afetuoso com a filha, consciente de que ela precisa se separar da mãe, embora não saiba muito bem o que fazer para ajudar ambas a consegui-lo. Está preparado para cumprir seu papel, mas a mãe tem de lhe dar essa possibilidade. Na nossa entrevista, ela parece disposta a isso, entendendo que é pelo bem da filha.

Também nessa história o único remédio para a fusão mãe-filha é o pai. É ele que, por sua presença, seu afeto e também sua serenidade, poderá ajudar as duas a se separarem suavemente, sem que a mãe tenha a impressão de estar abandonando a filha e sem que esta se sinta abandonada.

Como vimos, a fusão se dá primeiro e essencialmente entre a mãe e seu bebê. Isso não significa que não possa haver fusão com o pai, mas já será uma segunda fusão, menos intensa portanto, porque supõe uma primeira separação da mãe, que é a única que pode criar a fusão biológica, orgânica e física.

Creio, contudo, que, na medida do possível – e no caso de a mãe não estar impedida, física ou psiquicamente, de cumprir seu papel –, o pai não deve se esforçar para estabelecer uma relação fusional por sua vez. O papel dele é, ao contrário, o de "desfusionar". O pai é precioso, indispensável, na medida em que dá à mãe forças para não se ocupar exclusivamente de seu bebê, como ela pode estar inclinada a fazer durante as semanas da preocupação materna primária de que fala Winnicott. Nesse caso, o bebê sente rapidamente que na vida da mãe existe um outro pólo de interesse além dele. E é pelo fato de interessar a mãe que o pai se torna interessante para ele também. Desde os primeiríssimos dias de sua vida, o pai vai introduzir a noção tão essencial de diferença. Porque esse pai não tem a mesma textura de pele que a mãe, não tem a mesma voz, a mesma maneira de carregá-lo, de lhe dar a mamadeira ou de brincar com ele, o filho percebe, ainda que confusamente, que entre a mãe e ele já há o terceiro, o diferente, o "igual" e o "não-igual", que vai ajudá-lo a sair da fusão e se abrir para o mundo. Embora, num primeiro momento, se identifique quase que exclusivamente com a pessoa que mais cuida dele – a mãe, portanto –, pouco a pouco vai encontrar outros modelos de identificação, entre os quais o pai, indispensáveis para a sua construção.

O pai é alguém que tem de desviar a atenção da mãe de seu bebê sem deixar de ajudá-la e apoiá-la na sua missão materna. Alguém que tem de estar presente, desde o começo. Toda criança teria de ter a impressão de que, já desde antes de seu nascimento, seu pai estava presente perto de sua mãe, que esta nunca ficou sozinha e que, por conseguinte, ele nunca foi o único objeto de seu amor. As mulheres que escolhem ter filhos com amantes passageiros, as que são abandonadas contra a vontade durante a gravidez, deveriam sempre contar ao filho que ele foi concebido no amor. Não só porque ele precisa acreditar nisso, mas sobretudo porque precisa saber que a mãe teve outros amores além dele. O filho sem dúvida conservará, apesar de tudo, a esperança de ser o único objeto do amor materno, mas essa esperança é menos tóxica do que a certeza de sê-lo induzida pela ausência do pai, porque sempre comporta uma parcela de dúvida. Entre saber e ter esperanças, há o chciro do incerto que talvez facilite, nem que seja um pouco, a separação.

Em todo caso, a ausência do pai não deve impedir que haja terceiros entre a mãe e o filho: um companheiro, um membro da família, um amigo próximo... alguém que venha, não proibir a fusão, mas imiscuir-se nela. Sem isso, a fusão se torna uma armadilha.

O sono, uma pequena separação

A pequena Antonia, 7 anos, tem grandes dificuldades de adormecer. Antes de ir para a cama, entrega-se a inúmeros rituais: toca seis vezes a parede do quarto, doze vezes o interruptor, dobra e desdobra o lençol e o cobertor várias vezes, até encontrar a arrumação certa que nunca está do seu gosto. Trata-se de um comportamento obsessivo típico. Contudo, o mais interessante ainda no caso de Antonia é que ela não realiza esses rituais sozinha. Todas as noites, na hora de dormir, chama os pais para que eles a tranqüilizem, diz ela, porque tem menos medo se eles estiverem perto dela. No entanto, a presença deles não a dispensa de se entregar aos rituais conjuratórios. Na verdade, ela os convoca, menos para ser tranqüilizada do que para que assistam ao espetáculo e sem dúvida fiquem inquietos por ela. Antonia não consegue imaginar ficar separada deles, não ser o centro de suas preocupações.

Os distúrbios do sono são o principal motivo de consulta de crianças pequenas. Na ausência de algum sintoma fisiológico (dificuldade respiratória, regurgitações etc.), exprimem uma dificuldade de se separar dos pais e ficar sozinhas. O recém-nascido adormece nos braços da mãe ou do pai, saciado e protegido, e pode então ser colocado no berço sem que desperte. Mais tarde, quando abrir os olhos, começará a chorar, porque tem fome, talvez, e mais provavelmente para chamar os pais para perto dele, necessidade vital, já que só existe através deles. À medida que vai crescendo, sente-se cada vez mais seguro, consegue adiar cada vez melhor a satisfação de suas necessidades e suportar a espera. As insônias do primeiro semestre são um sinal de que o bebê continua numa relação fusional. Precisa estar o tempo todo colado ao seu objeto de tranqüilização, que é a mãe (ou o pai, claro, ou qualquer pessoa que cuide dele diariamente), porque ainda não consegue se autonomizar. A pequena Antonia mostra que, às vezes, essa dificuldade de se separar perdura.

Gosto de ver a criança como um conquistador. Curiosa, ávida, é feita para se emancipar, partir para descobrir grandes espaços ignorados, atingir picos etc. Os pais, então, são treinadores que vão estimulá-la a satisfazer seu desejo de conquista, certificando-a de suas competências e capacidades para realizá-las. Não se pode partir para o combate num impulso irrefletido, e os grandes viajantes preparam suas expedições. Isso não impede a ocorrência do acaso, da surpresa, da excitação diante do desconhecido e, talvez também, do perigo, mas ao menos teremos reunido todos os recursos para enfrentar a novidade. Do mesmo modo, a criança não pode se separar de supetão, da noite para o dia. Tem de fazer sua lição de casa antes de partir para se apossar de novos territórios de liberdade. Rastejar de quatro ou se arrastar sobre o traseiro antes de conseguir andar, dar os primeiros passos que mais tarde lhe permitirão fazer-se ao largo. Ficar algumas horas sem fraldas antes de tirá-las de vez, primeiro de dia, depois de noite. Nas creches, as puericultoras já entenderam a necessidade da separação suave e convidam as mães para uma adaptação progressiva: elas começam ficando algumas horas com o filho, depois o deixam meio período até que ele possa ficar o dia inteiro sem se sentir perdido.

Como o sono é de fato uma separação, é preciso ensinar a criança a domá-lo. É fácil dizer para os pais fecharem a porta e deixar a criança berrando até que desmaie de esgotamento, mas certamente não é a melhor solução. Ao contrário, devem fazê-lo gradualmente para que ela possa conquistar essa separação pouco a pouco, no seu ritmo. Deixar uma luz acesa e a porta aberta para que sinta a presença deles e não tenha uma impressão de isolamento e de abandono. Ficar com ela o tempo que dura uma história, uma música, um carinho. Acalmá-la com palavras: "A gente está aqui, pertinho; se você chamar, a gente vem." Não forçá-la a dormir, mas sim autorizá-la a brincar um pouco, e regularmente ir ver se está tudo bem.

Para adormecer e para muitas outras coisas a criança precisa de rituais que pontuem o tempo, desenhem um marco em que possa se situar e se sentir segura. O ritual implica também a repetição que torna possível aprender. Quem pode afirmar saber a tabuada tendo-a visto uma única vez? É preciso repeti-la e repisá-la de novo, titubear, errar, desistir às vezes, recomeçar, antes lembrar primeiro pedacinhos até saber tudo de cor. Assim como a tabuada, a separação é algo que se aprende: começamos pela tabuada do 2 antes de enfrentar as tabuadas do 8 e do 9.

Chupar o dedo, virar do lado esquerdo em posição fetal, apagar a luz numa determinada hora, combinar sobre o despertar, abrir a janela (ou fechá-la), tomar um gole d'água ou um copo de leite quente, enrolar a ponta do cobertor em volta do dedo... Em todas as idades, o adormecimento é um momento propício para os rituais que cada um estabelece, de maneira mais ou menos obsessiva. Rituais para conjurar o medo? Isso fica ainda mais claro se consideramos que o sono é de certo modo uma auto-separação. Dormir é se separar um pouco de si, da própria vida. Abandonamos o que (e quem) amamos e, sobretudo, nos abandonamos. Abandonar-se, belo negócio! Nós nos abandonamos ao prazer de um instante, cedemos, baixamos a guarda, desistimos de nos defender e de nos proteger, entregamos as armas. Abandonar-se nos braços da mãe, depois da mamada, saciados, como talvez mais tarde nos abandonemos nos braços de uma pessoa amada, depois do amor, imersão no outro, sinal de ternura, de confiança, de apaziguamento.

Porém, como se abandonar sozinho nos braços desse Morfeu que não se conhece? Aceitar deixar a vida, por poucas horas que seja, e perder-se a si mesmo? Abandonar-se supõe sentir-se em paz, estar em harmonia consigo mesmo e com o mundo. É evidente, então, que existem mil razões para não conseguir dormir em qualquer idade: o dia foi ruim, não passamos num exame, estamos apreensivos com um encontro no dia seguinte, não acabamos uma lição, brigamos com um amigo, temos a sensação de não ser reconhecidos etc. O sono é uma conclusão no final do dia. Se o dia foi rico e pleno, nós o abandonamos sem pena, às vezes até com satisfação. Mas é mais difícil largar o dia que não nos preencheu.

Felizmente, o sonho existe para nos ajudar a atravessar a noite sem nos perdermos por completo. Freud dizia que o sonho protege o sono e a pessoa que dorme. Em todo caso, ele é uma reapropriação de si ou, ao menos, um reaparecimento de si. Reaparecimento do sujeito, fantasístico, caótico, na desordem, mas é ainda do sujeito que se trata. Sonha-se sobre si, sozinho, nunca a dois; não se compartilham os sonhos da noite.

O abandono é tamanho que às vezes, ao despertar, experimentamos um momento de flutuação e, novamente, recorremos a rituais para retomar o contato com a realidade diurna. A confusão é maior ainda quando, numa viagem qualquer, abrimos os olhos num quarto que não é familiar. "Onde estou?" Somos assaltados por um medo mais ou menos vago. Será um sonho? Um pesadelo? Será que ainda estou dormindo? Rapidamente, porém, um detalhe nos acalma e ajuda a nos situarmos. O despertador toca a hora do nosso reencontro com nós mesmos. Hoje à noite, quem sabe, teremos um pouco menos medo de nos abandonarmos. A perspectiva do reencontro ameniza toda separação.

Os benefícios da pré-escola

Vez por outra faço atendimentos na casa das crianças. Poucos, para meu gosto, porque estou convencido de que entendemos melhor as pessoas vendo-as em seu meio natural do que espremidos atrás da mesa de "especialista".

Nesse dia, vou ver Emilie, 3 anos. Estão lá a mãe, suas duas irmãs mais velhas de 9 e 10 anos e uma amiga delas. A mãe me consultou porque sua caçula não desgruda dela e se recusa a fazer as coisas sem a sua presença.

No começo, fico num canto da sala e observo a menininha sem me aproximar. Ela, por sua vez, me examina com o canto do olho, certamente se perguntando o que estou fazendo ali. Depois, constatando que pareço inofensivo, começa a brincar sem se preocupar mais com a minha presença. Pega os brinquedos, que imediatamente atira para longe, exigindo que a mãe os traga de volta choramingando mais ou menos intensamente até que ela responda à sua demanda. Alguns instantes depois, intervenho de maneira um pouco agressiva: "Já que você jogou o brinquedo, vá pegá-lo você mesma", pondo-me, confesso, no nível de um menino bobamente vingativo: "Bem feito para você!" Ao mesmo tempo, contudo, recupero minha posição de psiquiatra e digo para a mãe não satisfazer a todos os desejos da filha e deixar ela se virar um pouco sozinha.

Curiosamente, a menininha não parece ter ficado com raiva de mim; sorri diante da minha atitude e volta a brincar sem se interessar nem pela mãe nem por mim. Começa a chorar de novo quando as mais velhas pedem para ir à praia tomar banho de mar. No caminho, Emilie se recusa a se afastar da mãe e agarra a sua mão; quanto mais esta tenta convencê-la a se juntar ao grupo das maiores, que vai na frente, mais a pequena protesta e choraminga. Recomendo à mãe não dar atenção, fazer de conta que nada está acontecendo e continuamos andando sem nos deixar perturbar pelas lamentações. Pouco a pouco, a menina começa a fazer idas e vindas entre o grupo das maiores e nós, até o momento em que fica com as mais velhas e se volta para a mãe com um sorriso luminoso de orgulho. Um sorriso que significa: "Está vendo, larguei você, vou tomar banho com minhas irmãs, mas sem você."

Algumas semanas depois, Emilie entra na pré-escola. Chora um pouco no primeiro dia, mas a mãe agüenta firme, sem amolecer, e, passados dois ou três dias, a menina vai para a escola com prazer.

Poderíamos dizer que a pré-escola cumpre função de terceiro separador e, para as mães, é uma excelente oportunidade de se separar do filho. A criança está passando pela tal fase de oposição, por meio da qual tenta se afirmar como sujeito autônomo ao mesmo tempo que testa os limites dos pais. A atitude de Emilie é, nesse sentido, significativa: joga os brinquedos para longe, como jogaria a mãe, mas exige que eles lhe sejam restituídos imediatamente por ela. "Eu me solto de você, eu prendo você, eu me afasto, eu grudo em você, vá embora, volte..." Como todas as crianças, Emilie oscila entre necessidade de autonomia e necessidade de garantir o afeto materno, necessidade de distância e necessidade de proximidade. Mas tenta sempre submeter a mãe a seus desejos e exigências, motivo pelo qual é essencial a mãe não ceder a todas as suas demandas: ao mostrar para a filha que não está à sua disposição, vai ajudá-la a renunciar a seu sentimento de onipotência e ensiná-la a se virar sozinha, sem sua ajuda, transmitindo-lhe assim confiança em sua própria capacidade.

Pelo fato de ocorrer nessa fase muitas vezes exaustiva para os pais, a entrada na pré-escola aparece como uma etapa necessária, mais ainda para as crianças que, como Emilie, não foram para a creche. Ao afastá-la da mãe, a pré-escola lhe possibilitará escapar de uma relação dual fusional demais e se confrontar com os outros, que vão se tornar modelos de identificação, representando uma abertura para o mundo e um enriquecimento de suas possibilidades.

Cada progresso na direção da autonomia é, para a criança e para os pais, motivo de alegria e de orgulho, embora às vezes a isso se combine certo cheiro de nostalgia, pois marca o fim de algo. O filho nunca termina de descobrir que não é tudo para os pais, e eles se dão conta de que não são tudo para o filho.

Quem tem mais dificuldade de largar quem? Costuma-se dizer que são as mães que vão de encontro à autonomia do filho e procuram prolongar a fusão, porque seriam supostamente incapazes de renunciar ao sentimento de onipotência que aquela lhes proporciona. De minha parte, acho que existem essencialmente crianças que nascem com o que poderíamos chamar de um "dom de ansiedade", uma capacidade de agarramento, que a mãe percebe e à qual responde. O que às vezes gera agarramentos recíprocos. Pode-se portanto imaginar que a mãe de Emilie vinha de uma família de agarradoras; que ela mesma tinha sentido dificuldade para descolar da mãe. Isso não significa que a história se repete inexoravelmente – Deus me proteja de tamanha imbecilidade! –, mas cada um tem suas fragilidades. Ao longo da vida, topamos com situações que entram em ressonância com essas fragilidades, vêm revelá-las, exacerbá-las. Essa fragilidade deve ser imaginada como um sulco. Pode-se passar muito tempo andando em volta ou ao lado, despreocupadamente, mas o sulco existe e se, por acaso, por coincidência, a vida recoloca nossos passos no sulco, perdemos o equilíbrio, reencontramos parte da fragilidade de antanho, que no entanto acreditávamos ter esquecido. Por ter ficado gravada, contudo, ela aumenta e se intensifica.

A arte de contar histórias

A pequena Sofia, de 6 anos e meio, se diz muito infeliz no 1º. ano do ensino fundamental, pois tem dificuldades de aprendizagem em leitura e escrita. Sua infelicidade é ainda maior porque seu pai, mais agressivo que severo, repete que não vai mais gostar dela se ela não estudar. Um pouco acanhada, a mãe não diz nada e não considera útil amenizar as palavras do pai.

Sozinha comigo, Sofia me conta que, na sua infelicidade, há um raio de sol: seu avô paterno. Um avô afetuoso e atencioso que – coisa incrível! – tem três colméias em algum lugar dos Alpes. Fabrica mel do Mont-Blanc, um mel branco delicioso ao qual a menininha atribui virtudes particulares: para ajudá-la a aprender, seu vovô lhe dá um pouco de seu mel e sua mãe garante que se ela comer do mel vai estudar melhor.

Quando não está ocupado cuidando das colméias, o avô está muito presente junto de sua netinha. "Às vezes, de noite, ele faz as lições no meu lugar. É um segredo nosso; quando tiro uma nota ruim, não é culpa minha, mas não posso contar que foi o vovô que errou", me conta ela.

Um dia, Sofia chega à consulta furiosa. Seu avô é mau, queixa-se ela, "porque ele disse que apesar de tudo gostava do meu pai e que se eu continuasse sendo malcriada e continuasse não estudando ele não me daria mais mel e seria obrigado a também gostar menos de mim". Diante da surpresa que me provoca essa reação inesperada desse avô ideal, Sofia me explica que ele está doente: "Logo, logo ele vai morrer e talvez me diga coisas assim para eu achar que ele não é bonzinho e assim eu ficar menos triste quando ele morrer."

Um certo tempo depois disso, resolvi convocar o pai e a mãe de Sofia, como costumo fazer regularmente, para avaliar a evolução da filha e conversar sobre os progressos dela, tanto na terapia como na vida em casa e na escola. Ao pedir notícias sobre o avô, o pai de Sofia olha para mim desconcertado: o avô morreu praticamente quando o pai nasceu e este mal o conheceu...

Todas as crianças inventam histórias. Contam-nas para si mesmas e às vezes também para os outros, tentando fazê-los embarcar também em seu universo de fantasia. Costuma-se então dizer, um tanto precipitadamente, que as crianças mentem, o que sem dúvida é um erro, pois a palavra "mentira" evoca um pecado e designa o mal, ou ao menos o que é repreensível, enquanto a realidade e a verdade – no sentido quase policial do termo – representariam sempre o bem. No meu entender, longe de ser condenável, a "mentira" é ao contrário sinal de boa saúde, indicador de uma excelente evolução psíquica. Por meio de suas fabulações, a criança se afirma como ser livre: livre para imaginar sua vida, para tomar distância com relação aos pais, às verdades que lhe assestam e à realidade tal como ela é. Ao inventar histórias, mostra que tem um pensamento próprio.

Se os pais se irritam depressa – "Pare de falar bobagem!" –, não é somente por medo de serem manipulados, é porque sentem confusamente que, desse modo, o filho se afasta deles e escapa ao seu controle. Têm razão: a "mentira" marca uma tomada de autonomia psíquica e constitui uma etapa quase obrigatória no caminho da separação e da conquista de si. O exemplo mais bonito disso é o romance familiar, que todas as crianças inventam para si por volta dos 5, 6 anos. Imaginam-se filho ou filha de rei, o lhes permite simultaneamente "revisar" as imagens parentais e idealizá-las. O romance familiar perdura, aliás, através das idades a ponto de o adolescente muitas vezes acusar os pais nem tanto de serem o que são, mas de não serem o que ele tinha imaginado.

Ainda que o ignorem, os pais são os primeiros vetores da mentira quando brincam de faz-de-conta. Numa brincadeira de esconde-esconde, por exemplo, a criança põe a cabeça para fora do esconderijo na esperança de ser notada, cruza com o olhar do pai ou da mãe, que fazem de conta que não a viram – "Onde será que você está, espertinho? Cuidado! Quando eu achar você..." – com o intuito de prolongar o prazer da brincadeira. A criança exulta, mas não é boba, sabe muito bem que os pais a viram. Uma outra vez, a criança está na cozinha com a cara lambuzada de chocolate. A mãe chega e, descobrindo ao lado do guloso a embalagem vazia, exclama: "Puxa, que estranho, um ratinho comeu todo o chocolate!" A criança aprova, feliz da vida: "É, vi ele passar e até fiquei com medo..."

A "mentira" – em todo caso, o fazer de conta – vai pouco a pouco lhe parecendo um jogo autorizado. Com a ressalva de que os pais preferem autorizá-lo quando dele participam; quando a criança resolve inventar suas próprias histórias, eles ficam nervosos, dão bronca e às vezes se zangam.

Claro, existem vários tipos de mentiras. A mentira liberdade, que possibilita recriar o mundo para melhor se apropriar dele: "Penso o mundo, portanto ele é meu." A mentira compensação: "Sou muito forte, ganhei de todo mundo na corrida", que vem paliar uma falta de confiança em si e constitui uma tentativa de se tornar interessante. A mentira protetora, para defender seu espaço íntimo ante pais inquisitivos que querem saber de todos os movimentos do filho. Por fim, há a mentira perversa, patológica, pela qual se tenta manipular o outro, contê-lo e dominá-lo, minando a auto-estima dele.

Afora este último caso, a mentira é muitas vezes uma defesa que a criança usa para se proteger da realidade. É o caso de Sofia: inventa um vínculo poético que a preenche e a ajuda a suportar melhor o caráter insatisfatório do vínculo real com o pai. Precisa dessa criação imaginária para se defender da agressividade paterna: projeta no avô todas as qualidades que teria gostado de encontrar no pai, emprestando-lhe as palavras cheias de segurança e afeto que precisava ouvir e que seus pais nunca pronunciavam. Sua mentira é como um curativo sobre uma ferida, que ajuda na cicatrização psíquica. Nesse sentido, longe de frear seu desenvolvimento, ela lhe serve de apoio para se construir sem sofrer demais.

Sofia conseguiu me fazer embarcar também na sua mentira. Contudo, qual de nós dois acreditava mais na existência de seu avô? A menininha certamente era menos crédula que eu.

3. Tentativas de prolongar a fusão

Por ser mais ansiosa que as outras ou porque não conseguiu ter um apego suficientemente seguro para poder retirar dele a autoconfiança necessária, a criança às vezes tem dificuldade de transpor as etapas da conquista da autonomia. Por meio de comportamentos, sintomas ou somatizações, busca então prolongar uma "colagem" arcaica, mostrando uma tendência à regressão que traduz sua dificuldade – recusa, até – de crescer.

Uma carreira de "fusionador"

Florian, 12 anos, parece reservado e um pouco assustado. Ele me declara de cara: "Sofro de depressão crônica e de distúrbios do comportamento." Surpreendentemente, ele formula de saída um diagnóstico sobre seu caso, como se dominasse perfeitamente o DSM IV, a classificação das doenças mentais. Deve-se dizer que ele foi internado faz pouco tempo numa instituição que o etiquetou de "depressivo crônico" e o tratou na base de antidepressivos. Sem resultados, já que ele continuava se sentindo mal e tendo dificuldades para acompanhar a vida escolar.

O menino me conta como tudo começou: um dia, em que estava resmungando no pátio, enfurecido com aquela escola em que não se respeitava ninguém, um professor lhe deu um pontapé. Quando Florian se queixou, ninguém acreditou na sua história, nem os pais nem os alunos, todos o acusaram de inventar histórias, de delirar, e os colegas o transformaram em alvo de sua agressividade. Por fim, os pais o colocaram num internato, experiência dolorosa que viveu como um abandono: teve a impressão de estar sendo punido e que o rejeitavam, dando razão ao professor que o tinha maltratado. No internato, a fobia escolar de Florian não melhorou. Por isso ele foi internado uma primeira vez antes de vir me consultar.

Bastante a contragosto, o menino descreve o que chamarei, com muita empatia, uma carreira de "fusionador". Tudo começou quando ele era pequeno, com crises de asma, e Florian ainda se lembra de que, durante as crises, a mãe o pegava no colo e olhava-o respirar, espreitando inquieta seu alento como se pudesse ser o último.

Essa dificuldade respiratória, característica da asma, fundou nele um vivo temor da morte, que por sua vez acarretou um medo de se separar dos pais, de certo modo encarregados de protegê-lo da morte. A asma, assim como outros distúrbios, coloca a questão da psicossomática. O psiquismo pode criar uma doença? A asma sem dúvida nenhuma se deve a uma vulnerabilidade física no nível dos brônquios, mas o que a transformará em doença será uma vulnerabilidade psíquica – de fato, existem crianças que nascem com a mesma fragilidade dos brônquios sem por isso ter crises de asma. Em outras palavras, o psiquismo funciona como revelador ou acelerador das possibilidades orgânicas; ele não cria a doença, mas, num terreno sensível e predisposto, ele a desperta.

Para Florian, o medo da morte e da separação se traduziu um pouco depois na sua dificuldade de ir à escola, que evoca uma fobia escolar. A solução do internato, escolhida pelos pais, é hoje preconizada por muitos psiquiatras, essencialmente para os adolescentes, os quais convém afastar da família quando as relações se tornam conflituosas demais.

Embora para muitos de nós essa solução ainda pareça radical, o internato é uma espécie de remédio homeopático para tratar uma fusão excessiva; em comparação com isso, a psicoterapia seria mais parecida com uma intervenção cirúrgica. Prescrever o internato é reconhecer não só que os pais não conseguem resolver as coisas sozinhos, mas também que os psiquiatras não são mais competentes que eles. O afastamento geográfico tem certamente o mérito de introduzir a não-continuidade na relação e é nesse espaço que a fusão vai declinar, porque os pais e o adolescente já não terão nem tempo nem meios para funcionar mal, como faziam antes por estarem próximos demais. É de esperar então que, uma vez separados, terão a disponibilidade e a possibilidade de se abrir para outra coisa. O internato sem dúvida nenhuma permite romper a rotina e favorece certa autonomização. No fundo, contudo, quando se chega a essa solução, não será por não ter conseguido até ali tratar a fusão com os remédios que tínhamos à nossa disposição? O berçário, a pré-escola, as viagens com a escola, as colônias de férias, as temporadas na casa dos avós etc. são todos meios de que dispomos para aprendermos a nos separar de maneira suave, meios que devemos usar para estimular a criança a conquistar o mundo sem os pais.

Para Florian, o internato não serviu para muita coisa, a não ser para exacerbar suas dificuldades, sem dúvida porque ele representou uma punição e um abandono. Sem apresentá-lo como uma oportunidade, os pais e psiquiatras deveriam explicar ao adolescente que é uma solução tomada para aliviar mais a ele que aos próprios pais, pois todo o mundo está enroscado em laços apertados demais que reforçam os conflitos. Deixar que vislumbre que pode viver sem os pais – coisa a que aspira sem conseguir – e encontrar em si mesmo estratégias pessoais para enfrentar suas dificuldades é certamente mais construtivo do que lhe passar a impressão de que estão se livrando dele e dos problemas que ele cria.

Na época em que o atendo, Florian acabou se apegando a sua "depressão crônica com distúrbios do comportamento". Ela se tornou sua doença, que invade sua vida. Quando eu, por minha vez, proponho interná-lo, mas interrompendo todo tratamento medicamentoso, porque tenho certeza de que ele não está nem louco nem doente, apenas frágil, ele me diz, com a voz embargada: "Estou com vontade de chorar. Obrigado, doutor." O que será que ele agradece senão o fato de eu tratá-lo como um sujeito e não como uma patologia e de optar por ser psiquiatra infantil e não "quimiatra"?

Depois de ter se sentido abandonado uma primeira vez no internato, Florian se sentiu novamente abandonado no hospital, onde já não via os pais – é um procedimento amplamente adotado hoje no caso de certas patologias: os (pré)adolescentes internados só têm direito a alguns contatos telefônicos com os pais. Abandonado, pois, a um diagnóstico e a uma prescrição que o fixam no seu distúrbio. Florian sem dúvida precisa "cortar o cordão", como se diz. No entanto, parece que toda separação radical entre ele e os pais mais reforça seus temores doentios do que os acalma. Portanto, é preciso que ele possa continuar a vê-los, mas de maneira mais distante e num contexto ao mesmo tempo neutro e seguro, a fim de conseguir afrouxar pouco a pouco esse laço que o sufoca – como já a asma o sufocava. A internação e psicoterapia vão ajudá-lo a criar laços em outros lugares e se, por um tempo, ele corre o risco de grudar no terapeuta como grudava nos pais, sobretudo na mãe – é a chamada transferência –, será um grude temporário, com um terceiro separado que lhe possibilitará encontrar em si a segurança que lhe falta.

Existe algum motivo objetivo para a fragilidade desse menino? E será que podemos acusar a mãe, lançando sobre ela a suspeita de ser fusional demais? Mesmo na qualidade de psiquiatras devemos renunciar à esperança de explicar tudo e aceitar o fato de que existe, em todo indivíduo, uma parte inata. Nasce-se mais ou menos ansioso, mais ou menos curioso, mais ou menos frágil... É essa parte inexplicável que vai fazer de cada um de nós um ser singular, com uma história única, e as mesmas causas nunca têm os mesmos efeitos em duas pessoas diferentes. Os pais sempre se adaptam ao filho que têm, coisa que Winnicott exprime da seguinte maneira: "Os pais dependem das tendências inatas do bebê [...] O meio não molda a criança. Na melhor das hipóteses, possibilita à criança realizar um potencial."

"Quando subia para me deitar, meu único consolo era que mamãe viria beijar-me na cama. Mas tão pouco durava aquilo, tão depressa descia ela, que o momento em que a ouvia subir a escada e quando passava pelo corredor de porta dupla o leve frêmito de seu vestido de jardim, de musselina branca, com pequenos festões de palha trançada, era para mim um momento doloroso. Anunciava aquele que viria depois, em que ela me deixaria, voltando para baixo."[1] Marcel Proust nos dá aí um belo exemplo do que pode ser uma criança fusionadora, dotada de uma ansiedade tão grande que, em vez de antecipar a volta da mãe, antecipa sempre sua partida, incapaz de se entregar à delícia de sua presença.

— — — — — — — — —

1. *Du côté de chez Swann*, Gallimard; ed. bras.: *No caminho de Swann*, trad. Mario Quintana, Rio de Janeiro, Globo, p. 19.

A impossibilidade de ir à escola

Desde o começo do ano, data de sua entrada no ensino fundamental, Isabelle, 7 anos, vem desenvolvendo uma fobia escolar. Nem bem acorda de manhã, já pergunta inquieta se tem escola, chora, recusa-se a se vestir, tenta convencer a mãe a levá-la para o trabalho, onde promete ficar quietinha... Isabelle está visivelmente tomada de grande ansiedade e se recusa a ficar sozinha comigo durante a consulta; a idéia de se separar da mãe lhe é insuportável. Essa angústia de separação parece estar ligada a acontecimentos particulares de sua história: seu pai, vítima de um acidente de trânsito, teve de ser hospitalizado e o avô, atualmente em fase terminal de um câncer, também está hospitalizado.

Cometemos um engano ao crer que a fobia escolar tem algo a ver com um capricho: "Não fiz minha lição", "não gosto da professora de matemática" etc., logo não estou com vontade de ir à escola. Nesse caso, ou se faz uma resistência passiva recusando-se a estudar ou contentando-se com o mínimo, ou se cabula aula: mata-se aula para ficar numa boa com os amigos, ficar sem fazer nada, ir ao cinema ou pescar. Cabular aula é pura felicidade. O contrário da fobia escolar, que é uma angústia tão grande que provoca a impossibilidade de cruzar as portas da escola. A fobia escolar geralmente começa com um medo particular: medo de um grupo de crianças que acreditamos não gostar de nós ou medo de um professor. Pouco a pouco, a escola aparece o lugar de todos os perigos, e esse medo toma conta de tudo a ponto de bloquear qualquer possibilidade de aprendizagem.

Não se deve subestimar a fobia escolar. Às vezes, ela marca o começo de graves distúrbios da personalidade ou da esquizofrenia. Outras vezes, suas conseqüências não são tão pesadas, embora continue sendo um problema sério a ser levado em consideração. Costuma-se dizer que ela exprime uma angústia de separação; haveria incapacidade de romper a fusão, sobretudo com a mãe, e de se separar dela. De minha parte, acho que essa angústia deve-se em parte à idéia da morte. Conversando com crianças vítimas de fobia escolar, percebi que elas tinham com freqüência sido confrontadas, de maneira mais ou menos próxima, com a morte em seu meio.

Por coincidência, a fobia escolar muitas vezes principia na 1ª série do ensino fundamental, por volta dos 6 anos, ou na entrada para a 5ª série, por volta dos 11 anos. Seis, sete anos é a idade em que a criança entende que a morte é irreversível e começa a pensar que ela também pode atingir seus pais. Não ir para a escola é um meio de ficar com eles como se, por sua presença, pudesse impedi-los de morrer. Por volta dos 11 anos, no despontar da adolescência, a idéia da morte ganha nova intensidade. A criança sabe que os pais podem morrer, tanto mais que agora os percebe envelhecendo, mas toma consciência de que também ela é mortal e às vezes passa a brincar com a morte para tentar controlar melhor a vida. A morte, última separação, representa uma obrigação de se soltar, coisa a que o adolescente aspira ao mesmo tempo que a teme. Não ir à escola é também não se separar dos pais, ficar numa imutabilidade que é uma garantia de eternidade. O jovem adolescente regride, tenta continuar fusionando, para não ver que o tempo passa, que seus pais não são eternos e que precisam, inexoravelmente, afastar-se uns dos outros. Fica agarrado para melhor conjurar a morte. A fobia escolar certamente exprime uma incapacidade de crescer, de atingir uma nova etapa, que marca a transição da criança para o adulto.

Além disso, a entrada na 1ª série e a passagem para a 5ª série do ensino fundamental constituem dois momentos importantes da vida. No primeiro caso, saímos do mundo protegido da primeira infância, da pré-escola com suas brincadeiras, músicas, para entrar na escola maior, mais séria e mais exigente, onde vamos nos dedicar às aprendizagens. A idade da razão, que marca o começo da fase de latência, põe fim ao período edipiano do qual a criança que sofre de fobia escolar parece ainda não ter saído.

Quanto à entrada na 5ª série, parece-me o rito iniciático mais importante de nossa época, que dizem ser totalmente desprovida de ritos. Aquele que é designado pelo nome de "pré-adolescente" vê-se confrontado com os maiores que ele, ao passo que na 4ª série o maior era ele. No pátio, volta a ser o menorzinho, que inveja os mais velhos e se assusta com eles. O professor ou professora que podia servir de substituto parental é substituído(a) por vários professores; já não há uma classe em que cada um tinha seu lugar definido, com suas coisas bem arrumadas na carteira, mas passa-se de sala em sala, cada um transportando sua mala. Acabou-se o casulo da 1ª fase do ensino fundamental e, em contraposição, a 2ª fase pode ser vivida pelos mais frágeis como ameaçadora, agressiva e desestabilizadora.

Diante de uma criança que se recusa a ir à escola, os pais muitas vezes ficam desamparados. Pensam inicialmente que a escola e um professor em particular não convêm ao filho; portanto, mudam-no de estabelecimento, mas eis que o medo reaparece. Percebendo confusamente que não é a escola que está em questão e sim a criança – que por um certo tempo suspeitam de estar "fazendo (mais ou menos) fita" –, tentam negociar: "Se você for para a escola compro um *videogame* para você" (ou uma bicicleta motorizada, ou qualquer coisa com que a criança sonha e que lhe prometem para convencê-la a prosseguir na sua escolaridade). No entanto, essa perspectiva não consegue eliminar a angústia. Podem também levar a criança à força, deixá-la com uma professora, mas ela continuará berrando ou tentando escapar assim que a professora virar as costas.

Tentar se manter firme por todos os meios não serve para nada. Como a fobia escolar é sempre motivo de conflito e de tensão entre pais e filhos, corre-se o risco de agravar a situação familiar, já que estão todos em posição de fracasso e de incompreensão mútua. É uma atitude impossível de sustentar, pois a criança está realmente incapacitada de ir à escola.

Pode-se, ao contrário, aceitar tirá-la da escola por certo tempo, fazê-la acompanhar um ensino a distância com um acompanhamento em hospital-dia. É a posição que defendo. Isso não significa entrar no jogo da criança, porque ela não está brincando. Está tomada de um medo que não controla, que a submerge e faz sofrer. Permitir que não vá à escola que focaliza todo o seu medo é lhe dar a possibilidade de domar esse medo mantendo-o, ela também, um pouco a distância. Quando uma criança quebra a perna ou fratura a bacia, ninguém se pergunta se ela pode ir à aula. Assim como se reconhece uma incapacidade física provisória, deve-se levar em conta a incapacidade psíquica que a fobia escolar representa. Ainda é grande a tendência a negá-la, como se bastasse à criança fazer um esforço para resolver o problema. Na verdade, o problema não é que ela não goste de aprender, é que *não pode* ir à escola. Portanto, tem de ter ajuda para seguir seus estudos, para evitar repetências, e deveria haver um aumento no número de associações que garantissem apoio escolar em domicílio com professores das escolas. Ao mesmo tempo, é preciso ajudar a criança a adquirir paulatinamente a capacidade de se separar, instaurando breves separações num marco mais protegido, como um hospital-dia, onde fará uma psicoterapia a fim de mentalizar seu medo e abandoná-lo gradualmente.

A fobia escolar parece ser uma epidemia moderna. Antigamente sem dúvida havia crianças que sofriam dessa patologia a que ainda não se tinha dado nome; mas a escola, os diplomas tinham então menos importância do que hoje, quando parece que mais nada é possível fora do curso clássico e em que sair do sistema escolar é vivido como um fracasso que amputa as perspectivas de futuro. Os fóbicos de outrora se tornavam lenhadores, padeiros, marceneiros ou pedreiros, antes que houvesse tempo de serem estigmatizados. Aprendendo um ofício com um artesão, provavelmente recuperavam parte da segurança e da intimidade da célula familiar que por outro lado tinham tanta dificuldade de abandonar.

Talvez haja outra causa para a "epidemia" de fobia escolar a que assistimos: são os progressos realizados pelos pais, bem melhores que os de antigamente, mais atenciosos, mais compreensivos, mais disponíveis. Isso talvez pareça uma piada, mas não é. Como abandonar pais tão bons? Como se separar daqueles que estão sempre prontos para satisfazer suas vontades e necessidades? É com esse problema que as crianças e, mais ainda, os adolescentes de hoje deparam. Por que assumir os riscos da frustração quando os pais fazem todo o possível para satisfazê-los o tempo todo? Para ter vontade de sair do casulo familiar, a família tem de saber criar a falta.

Separar-se de um sintoma

A mãe de Julie conta que desde o nascimento da filha sentiu a necessidade de protegê-la, porque sentia que seu bebê era frágil e só tinha ela no mundo. Comenta até que o termo "proteção" é fraco, que era superproteção da parte dela: detestava que alguém pegasse Julie no colo, as pessoas tinham de se contentar em olhá-la. Diz também que sua própria mãe era muito ansiosa e não parava de recomendar que tomasse cuidado com tudo com a menininha. Lembra-se das visitas ao pediatra em que se dedicava a afastá-la das outras crianças, angustiada com a idéia de que Julie pudesse pegar qualquer doençazinha.

Durante dois anos, Julie viveu num casulo. No entanto, ao entrar na pré-escola, parecia feliz. A mãe lembra das palavras da pequerrucha no fim do primeiro dia de escola: "Quando a gente volta para cá, mamãe?" Palavras que mostram que não temia se afastar da mãe para dar seus primeiros passos no mundo dos "grandes".

No entanto, foi na pré-escola que Julie começou a ficar doente: catapora, pneumopatia, rinofaringites, otites e anginas de repetição… Resistia contudo valentemente a essas doenças benignas, como todas as crianças de sua idade, fabricando assim anticorpos. As coisas pioraram por ocasião de uma epidemia de gastroenterite: Julie vomitou mais que o normal, sem que se entendesse por quê, e ficou então particularmente angustiada.

Na primeira fase do ensino fundamental, Julie teve duas crises de sonambulismo: em cada uma delas, foi ao quarto da mãe e depois se dirigiu ao banheiro, onde fez que vomitava. Ainda que não se lembrasse de nada ao despertar, foi a partir daquele momento que a saída para a escola se tornou cada vez mais difícil: todas as manhãs, Julie tinha dores de barriga e à noite via surgir a angústia do dia seguinte sempre renovada.

Um clínico geral prescreveu exames que não revelaram nenhuma patologia intestinal, apenas uma aerofagia devida ao estresse e à angústia. Um primeiro psiquiatra infantil simplesmente declarou que "era preciso cortar o cordão" entre a mãe e a filha; um segundo desistiu de atender Julie alegando que ela não queria falar.

Às dores de barriga e ao medo de vomitar, somaram-se logo os rituais: batia o chão com os pés, tocava as maçanetas das portas etc. Esses TOC[1] foram tratados com terapia comportamental e cognitiva e antidepressivos. Seu estado melhorou mas, infelizmente, tão logo as doses de antidepressivos eram diminuídas, a emetofobia[2] de Julie voltava com mais intensidade ainda.

Quando encontro Julie, faz dez anos que ela é prisioneira de seu medo de vomitar, que provoca nela uma vontade de vomitar que ela tenta fazer passar engolindo xícaras de chá de camomila. Não consegue ficar na escola mais do que uma hora por dia, está dessocializada, sofre com essa doença que nada parece conseguir curar.

Essa é a história do encontro de duas "fusionadoras", de duas fragilidades. Um bebê agarrador se vê diante de uma mãe

---

1. TOC: Transtornos obsessivo-compulsivos.
2. Medo de vomitar.

ansiosa, que fica ainda mais inquieta quando a filha está doente, como que para cooptá-la melhor. À demanda exacerbada da filha responde a preocupação da mãe, ambas se reforçando mutuamente.

É clássico: todos os bebês entendem rapidamente que falando com o corpo conseguem mobilizar completamente a atenção dos pais. Ah! as pequenas doenças, que felicidade! A gripe ou a rinofaringite da infância, quando as mães ficam cheias de cuidados, preparam sucos de laranja frescos, compram um livro para ajudar o doente a passar o tempo, ficam inquietas, paparicam. Alguns adultos como nós se lembram daqueles tempos como momentos privilegiados: viramos objetos de todas as atenções, rei ou rainha cercado(a) de cuidados no seu leito de doente, que é sobretudo um ninho confortável... A vida é bela quando se está doente. Tão bela que algumas crianças, depois de terem explorado a via da somatização, ficam nela para solicitar cada vez mais atenção e presença dos pais. Contudo, o mecanismo corre o risco de crescer demais, acabando por superá-las, engoli-las e impedi-las de viver.

Que posso fazer por Julie? Iniciar uma psicoterapia não me parece ter nenhuma utilidade. Se eu lhe disser que somatizou precocemente para ter relações privilegiadas com a mãe e responder à ansiedade dela, isso não lhe será de grande ajuda. Somatizar é falar com o corpo por não conseguir falar com palavras. A somatização aparece então como um fracasso de mentalização ou de compreensão, e, quanto mais se tenta explicar aos que somatizam por que eles somatizam, mais raiva eles têm de nós, mais pedem exames que possam provar que um problema físico ou psicológico está na origem de seus distúrbios. Aliás, às vezes se encontra algo ínfimo que possa explicá-los, ao menos em parte. No caso de Julie, por exemplo, se tivessem diagnosticado uma inflamação do cólon ou qualquer outra afecção benigna, ela talvez pudesse ter-se curado. Caso fizessem um estudo para saber quantos diagnósticos curaram somatizações, acho que encontrariam resultados surpreendentes!

Não foi esse, contudo, o caso de Julie e, a meu ver, essa menina precisa mais de uma mediação corporal – sofrologia ou relaxamento – do que de uma psicoterapia clássica. Meu papel é o de autorizá-la a se curar por si mesma e acho que em três ou quatro meses seu estado poderá melhorar bastante.

É possível se separar da doença ou do distúrbio que se tem? É difícil, na medida em que o sujeito vai pouco a pouco se identificando com eles e toda a sua vida se organiza em torno deles, criando uma coerção que o faz sofrer e o isola, a ponto de não conseguir ver mais nada. Se a doença acorrenta é também porque proporciona benefícios secundários não desprezíveis, sobretudo a possibilidade de monopolizar a atenção, a disponibilidade e o afeto do meio. Quando se trata de doença grave ou até incurável, os benefícios secundários são sem dúvida o que resta para o doente, o que explica por que ele se apega a ela. No caso de Julie, é um pouco diferente: ela sem dúvida extrai benefícios secundários de seu distúrbio, mas também sofre inúmeras limitações, dores e frustrações às quais ela mesma se condena. Sua emetofobia mais estraga a sua vida do que a preenche. Uma mediação corporal, que a aliviará rapidamente, irá ajudá-la a tomar consciência disso e a abandonar seu medo irracional. Sempre haverá tempo, mais tarde, de começar uma psicoterapia, para que Julie, dotada de capacidade de agarramento e fragilizada pelos longos anos de somatização, possa ter relações um pouco mais distanciadas com amigos(as) e namorados.

Uma recusa de crescer

Etienne, apaixonado por futebol, é um centroavante promissor, a quem seu time deve um bom número de gols. Mas, aos 9 anos, esse menino vivo e inteligente é enurético. Não só ele reivindica sua enurese[1] de modo bastante agressivo, como está convencido de que sofre de alguma patologia física que poderia explicá-la. Deve-se dizer que, na adolescência, a mãe dele foi operada de uma malformação renal e por isso parou de ser enurética. Confessa guardar uma lembrança terrível daquele episódio: medo da injeção de iodo, medo da dor, medo da morte também...

Obstinado e seguro de si, Etienne quer que lhe provem que não padece do mesmo mal que sua mãe. Declara que não pode sarar enquanto não tiver feito todos os exames necessários. Afirma também não querer crescer, não querer se tornar adolescente, embora seu comportamento de chato declarado mostre que ele já apresenta todos os sintomas anunciadores da adolescência.

....

1. Emissão involuntária e inconsciente de urina.

Agressivo, Etienne maltrata a mãe, implica com ela o tempo todo, questiona tudo o que ela diz, trata-a rudemente. Entre eles, parece haver um relacionamento forte, mas da parte dele poder-se-ia falar de amor mau.

Comumente, os enuréticos tendem a ser mais recolhidos, tímidos e envergonhados de seu problema. Ansiosos, inibidos, estão numa regressão que possibilita que permaneçam numa relação arcaica e um pouco erotizada com a mãe. A enurese de Etienne poderia ser qualificada de hostil, o que a faz ter aparência de uma encoprese. Quanto mais enurético fica, mais se afirma doente, mais fica doente, mais pode colar na mãe, monopolizando sua atenção e suscitando sua preocupação; quanto mais gruda nela, mais fica agressivo com ela, de quem não consegue desgrudar. Ele ainda está numa problemática de separação-individuação, captando uma doença imaginária por meio da qual reforça a fusão com a mãe identificando-se com ela.

Num primeiro momento, me pareceria agressivo demais dizer-lhe que está sofrendo de um distúrbio da separação e que precisa de uma psicoterapia. Prefiro prescrever os exames que ele pede e, no caso de estes não revelarem nem má-formação nem doença, ministrar-lhe um tratamento placebo, já que ele acha que só pode se curar se receber um tratamento, tal como ocorreu com sua mãe. Para um doente imaginário, vou dar um tratamento imaginário. É uma posição que pode parecer discutível, mas creio que o sintoma de Etienne é tão seletivo e tão significativo em relação a sua história familiar que isso pode ser suficiente para curá-lo, ao passo que uma psicoterapia poderia fixá-lo.

4. *A separação impedida*

A doença ou a deficiência privam aquele que por ela é afetado de parte de suas capacidades físicas ou mentais, reforçando assim a dependência do outro de que necessita para satisfazer certas necessidades vitais ou para protegê-lo. Nesse sentido, a doença e a deficiência de um pai ou de um filho reforçam e cristalizam o vínculo. O avanço rumo à autonomia e a um relativo desligamento parece se dar, então, em marcha lenta.

Separar-se de um pai ou de uma mãe doentes

Aconselhada pelo psiquiatra que a atende, uma mulher vem me ver para falar da filha, Claire, que teve com um amante passageiro, esclarecendo que nunca estabeleceu relações amorosas duradouras com nenhum homem. É uma mulher muito bonita, um pouco estranha; virá ao meu consultório três vezes, sozinha, sem consentir em trazer a filha, embora eu lhe diga que não posso fazer nada sem vê-la. A mulher parece estar comigo numa espécie de "colagem", e sinto nela uma morbidade que me faz pensar que ela está psiquiatricamente doente – o que o colega que a atende virá a me confirmar.

Quando, por fim, ela chega ao consultório acompanhada de Claire, fico impressionado com a dessemelhança entre elas: na mesma medida em que a mãe é bela, a filha é feia, com um rosto assimétrico e cabelos claros desgrenhados. Tem 9 anos e, depois de um começo de sessão em que não consigo arrancar nenhuma palavra dela, conta-me que não tem amigos, que todo o mundo é mau com ela, zomba de seu aspecto físico. Fico imediatamente muito interessado pela garota e, resumindo, sinto por ela uma real afeição.

Um dia, ela chega, toda orgulhosa, vestida com uma capa nova. "Você gosta?", pergunta ela, dando uma voltinha. Esforço-me para ocultar que acho aquela capa muito feia e contento-me em dizer que ela não é totalmente do meu gosto. Ela protesta: "Mas é uma capa de 30 euros! Foi minha avó que comprou para mim. Escolhemos juntas, é sempre ela que me veste." Descubro assim a existência dessa avó, personagem central na vida da garota. Ela mora com a neta e a filha, que ela também teve com um caso passageiro, e o curioso trio feminino está ligado por estreitas relações: a avó gruda em Claire, oferecendo-se assim uma segunda chance de maternidade mais feliz, e Claire gruda na sua mãe estranha, como se fosse para melhor se proteger do mundo. Assim, Claire se sente isolada, diferente, estranha ela também. Durante as sessões, fala-me de suas dificuldades para estar com os outros, para ser aceita por eles, de sua solidão que sua avó é a única a dissipar. Embora um pouco fusional, a avó travessa tem muitas qualidades. Quando Claire lhe diz que quer fumar um baseado, ela declara que quer experimentar junto. E diz querer um *piercing* junto com a menina. Convoco-a imediatamente para lhe dizer o que acho de sua atitude. Ela tem um ataque de riso: "É para dissuadi-la de experimentar!"

Com o passar dos meses, Claire vai se animando, revelando-se esperta, curiosa, astuta. Até o dia em que me anuncia, não sem uma ponta de orgulho: "Agora está tudo bem, tenho amigos, acho que não preciso mais de você. Entendi que minha mãe é doente e que tenho de cuidar dela. Mas que às vezes também tenho de cuidar de mim."

É uma história esplêndida. Essa menina entendeu que não era o mundo que era hostil, e sim sua mãe que, devido à sua doença, o tornava hostil. Pôde então partir para conquistar o mundo, afastando-se dessa mãe frágil.

Como se separar de um pai ou uma mãe psiquicamente doente? Era a questão que Claire colocava. As crianças, habitadas por um sentimento de onipotência que as põe no centro do mundo, sempre acham que são responsáveis – ao menos um pouco – pelo que acontece com os próximos, em particular com seus pais. Não é culpa deles se o pai ou a mãe é frágil? Não poderiam, por sua mera presença, tornar-se o anjo salvador que vai curar a doença do pai? Ao mesmo tempo, certamente experimentam desejos de morte mais ou menos conscientes em relação a esse pai ou essa mãe diferente dos outros... A ambivalência atinge seu paroxismo – "Amo você, odeio você, não posso viver sem você nem você sem mim" – e faz nascer a culpa. Mas a culpa congela o vínculo; é inclusive o pior dos vínculos, pesada como uma corrente de prisioneiro. Ela amarra, aprisiona. Não é possível se separar sentindo-se culpado.

Um pai é feito para tranqüilizar, estimular, tornar mais forte. Com um pai doente, os papéis parecem se inverter: o filho já não é o objeto de suas preocupações, é o pai que se torna objeto de preocupação para o filho. Normalmente, este se preocupa pouco com os pais, exceto no que concerne ao afeto, à atenção e aos cuidados que eles lhe dão. Seus pais são heróis, fortes, invencíveis, todo-poderosos. O pai doente, por sua vez, está impedido de se alçar à categoria de herói e é preciso pensar nele porque ele é frágil. Exceto quando se ausentam por tempo demais e sem avisar, um filho nunca esquenta a cabeça com os pais. Porém, se o pai for cego, como poderia não se inquietar pensando em como ele vai conseguir atravessar a rua sem ser esmagado? E, se o pai estiver deprimido, como não hesitar em deixá-lo só? O filho pensa que sua presença pode ser uma proteção contra os acessos de melancolia parental.

Por obrigar a tomar conta, proteger, a doença psíquica prende o filho ao pai. Não é possível se separar quando se têm dúvidas sobre as qualidades de resistência daquele de quem nos afastamos; temos de perceber nele alguma capacidade de enfrentar essa separação.

Para conseguir tomar um pouco de distância, o primeiro passo é fazer o diagnóstico da doença. Com isso, a criança já não precisa procurar a origem ou a explicação para a fraqueza daquele pai, o que alivia seu sentimento de responsabilidade e de culpa, caso não o faça desaparecer de todo.

Mas é difícil reconhecer que se tem um pai ou uma mãe mentalmente doente e difícil aceitá-lo, como mostra a história de Claire. A criança não tem a noção de "louco"; para ela, o louco é o palhaço que a faz rir, pois está numa realidade fantasística. Mesmo que tivesse dúvidas sobre o estado da mãe, num primeiro momento Claire não podia exprimi-las. É uma reação normal: calar-se, calar a doença aparece como uma questão de fidelidade afetiva para com o pai doente, que estaríamos traindo se puséssemos palavras no seu mal. Calar-se é também um meio de se proteger da vergonha que esse pai diferente dos outros representa, pai esse que rompe qualquer possibilidade de identificação. Claire não tinha amigos porque não podia mostrar sua mãe nem mostrar a si mesma, já que se perguntava sobre uma possível hereditariedade da doença materna, o que minava sua autoconfiança. "Se minha mãe é doente, será que eu também não sou doente?" Com o correr dos meses, a psicoterapia lhe devolveu bases narcísicas que a ajudaram a se livrar do peso da culpa. Eu não lhe disse que a mãe estava doente, esperei que ela mesma pudesse exprimi-lo. Ao dizê-lo, conseguiu encontrar a distância tanto da mãe quanto de mim, o psiquiatra; num mesmo movimento, afastava-se de ambos. Por poder se afastar um pouco da mãe, já não precisava de mim nem da psicoterapia que, como costuma ocorrer, tinha funcionado como uma máquina de separar.

Hoje em dia, quando os psiquiatras infantis são muitas vezes consultados de modo preventivo, o papel deles consiste mais em tranqüilizar os pais do que em tratar uma verdadeira patologia – o que é motivo de comemoração. Em outras palavras, o psiquiatra infantil nem sempre é indispensável. No caso de uma criança com um pai frágil, contudo, ela recupera plenamente sua razão de ser.

Recebi Lucas, 8 anos, com sua mãe. Um menino simpático, mas que não fala muito. Quando lhe faço perguntas sobre sua família, declara prontamente: "Meu pai se enforcou." Antes de eu ter tempo de pensar que a consulta vai ser difícil, a mãe já acrescenta: "Mas ele não morreu." Diante de minha cara certamente perplexa, ela me explica que o pai, depressivo, é alcoólatra e que, nos seus excessos provocados pelo álcool, passa ao ato enforcando-se na sua própria casa. Cada vez, a mulher e a filha chegam a tempo de salvá-lo, mas o pobre Lucas, ainda pequeno demais para participar do salvamento, assiste, impotente, a essas cenas que se repetem. Quando o menino retoma por fim a palavra, é para me dizer com um ar desolado: "Agora, a mamãe quer se separar do papai. O que vai acontecer com ele sozinho?" Para ele, claro, a separação implica o enforcamento, agora bem-sucedido, do pai, que não terá ninguém a seu lado para salvá-lo. Tento tranqüilizá-lo: "Talvez as coisas se arranjem. Sua mãe já não pode viver assim, você e sua irmã também não. Talvez seu pai se sinta melhor separado dela. Você poderá se encontrar com ele sozinho, sem que seus pais fiquem brigando sem parar, e ver você certamente vai ajudá-lo a melhorar. Mas, claro, se você ficar preocupado com seu pai, pode vir falar comigo." Lucas, que até então se recusava categoricamente a evocar o pai e sua fragilidade, até mesmo com a mãe, aceita vir me ver regularmente, sinal de que o vínculo terapêutico se estabeleceu.

Vou desempenhar para ele um papel de terceiro protetor em relação à imagem falha do pai. Ao falar comigo dele, ao exprimir a ambivalência de seus sentimentos em relação a ele, Lucas poderá tomar um pouco de distância do pai tão frágil e poderá continuar a respeitá-lo, o que para ele é muito necessário. Vou servir de exutório para seu ressentimento e seu medo e ajudá-lo, assim, a se afastar da ameaça que o impede de ganhar autonomia.

As doenças que prendem

Desde muito pequeno, Hugo sofre de uma miopatia que não pára de evoluir e o condena a uma imobilidade cada vez maior. Para todas as tarefas do cotidiano – levantar-se, vestir-se, lavar-se, deitar – ele é dependente. Aos 14 anos, está portanto na posição do bebê que precisa esperar dos outros a satisfação de suas necessidades vitais. Sua doença, os cuidados diários e as repetidas internações que ela exige fazem com que não freqüente a escola, já não tenha mais que poucos contatos com crianças de sua idade.

A primeira vez que o encontro, ele me conta que às vezes sai sozinho na sua cadeira de rodas elétrica. Diverte-se então atravessando a rodovia de olhos fechados, sem se preocupar com os carros. Joga assim uma espécie de roleta russa. Indiferente à idéia de perder a vida, entrega-se ao acaso para decidir sua sorte.

Uma ou duas vezes por ano, Hugo vai à praia. Lá, graças a uma engenhoca especialmente concebida para os deficientes, ele pode entrar na água. Um dia, com dois amigos não deficientes, ele se deixou flutuar à deriva, ao sabor da correnteza. Mas começou a ventar e, apesar dos esforços, os três garotos não conseguiam voltar à praia. O pai de um deles teve de pegar uma canoa para rebocá-los, atados por uma corda. Quando ele me conta esse episódio, que ganha em sua boca ares de epopéia, Hugo parece feliz. Na água, sentiu-se liberto, estava finalmente em pé de igualdade com seus colegas.

Ao atravessar a estrada sem prestar atenção, Hugo manifesta um comportamento suicida; deprimido, considera que sua vida impedida e dependente não vale nada. Ao contrário, ao se deixar com prazer ao sabor da correnteza, vê-se, a despeito de si mesmo, brincando com a morte para tentar dirigir sua vida. Mesmo doente, imobilizado e atrasado na escolaridade, esse adolescente precisa de condutas de risco, que são para ele o único meio de ganhar autonomia. "Arrisco a vida porque ela é minha, sou autônomo": é o que Hugo exprime, a exemplo de todos os adolescentes do mundo. Sua doença o obriga a estar em situação de fusão com seu meio, mas, ao mesmo tempo, todo seu sonho consiste em separação, autonomia, independência.

A doença e a deficiência são imposições em mais de um sentido. Imposição de cuidados, mas também imposição de um vínculo de que não se pode prescindir porque ele garante a sobrevivência. Crianças doentes, como Hugo, são colocadas contra a vontade na impossibilidade de se separar, pois a doença e a deficiência induzem a fusão. Porque a duração da vida do filho é limitada, os pais se dedicam quase que por completo a ele, como se pudessem correr e passar na frente desse tempo curto demais. Do lado da criança, a fusão, que lhe garante estar no centro do mundo, pode ser considerada um benefício secundário de sua doença, que por outro lado a priva da maioria das alegrias de sua idade.

Na sua infelicidade, Hugo tem a sorte de ter uma família exemplar. Um meio-irmão mais velho, atento e respeitoso, sem nunca rivalizar, um modelo de irmão maior. Um pai que não pára de carregá-lo nos ombros. E uma mãe tão devotada que se pergunta se não deveria parar de trabalhar para melhor se dedicar ao filho, pois nunca está sossegada quando não está com ele. Hugo erotiza muito sua relação com ela. É freqüente ele a afagar, beliscar, tocar, dar tapinhas afetuosos. Ela protesta: "Deixe-me em paz, agora você é grande!" Mas como entender que se é grande quando se é lavado, vestido pela mãe? Quando se é obrigado a deixar de lado o pudor? Quando se está proibido de conquistar? Um dia em que ela protestava, Hugo lhe respondeu: "Sabe, diante do meu estado, nunca poderei ter uma namorada e tampouco terei filhos." Apesar da sua deficiência, esse garoto, mantido num estado de dependência absoluta, pensava no seu futuro sexuado e paterno. Seja qual for seu desejo de crescer e de ganhar autonomia, ele sabe que é um desejo impossível. A doença o obriga a regredir, a permanecer numa fusão com a mãe, fusão com a qual brinca um pouco. Por isso vou pedir que seja internado no setor que dirijo, para que esteja minimamente separado da mãe.

No campo da psiquiatria, vivemos atualmente sob uma espécie de dogma: "Deve-se separar os adolescentes dos pais." Isso se tornou um axioma básico que já não convém nem mesmo discutir. No entanto, nada prova que essa separação seja o remédio para todos os males dos adolescentes. Na Maison des adolescents, preconizo justamente o contrário, trabalharmos em estreita colaboração com os pais, nem que seja apenas para lhes mostrar que esbarramos nas mesmas dificuldades que eles. Não há, por um lado, profissionais todo-poderosos e, por outro, pais obrigatoriamente tóxicos. No caso de Hugo em particular, a internação lhe servirá para afrouxar o vínculo fusional demais que tem com a mãe, mas sobretudo para reconhecer sua necessidade de se desgrudar dela sem que por isso se sinta posto em perigo – o que, para ele, implica um risco de morte. Em suma, essa separação relativa vai lhe permitir viver um pouco sua adolescência, que a doença tenta roubar dele.

Separar Hugo dos pais só é possível porque ele é adolescente. Em caso de doença e internação de uma criança menor, é essencial, ao contrário, garantir a permanência e a continuidade do vínculo com os pais. Aliás, muitos progressos foram feitos nesse domínio. Hoje, todos os serviços de pediatria acolhem os pais, conscientes de que a manutenção do vínculo constitui uma prioridade absoluta. Em Marselha, cheguei até a propor a presença deles na sala de operação se eles assim o desejassem e, para as crianças colocadas em quarto estéril, criamos um sistema com câmera de vídeo e interfone para que pudessem se comunicar. Iniciativas nesse sentido vêm se desenvolvendo e se multiplicando por toda parte.

De fato, antes dos 7 anos, uma criança não tem nem a noção de doença nem a da obrigação de ser internada. Vive a internação como um abandono ou como uma punição, quando não as duas coisas ao mesmo tempo, como tão bem mostrou Anna Freud[1]. Separada dos pais quando ainda precisa tanto da presença deles, a criança acredita estar sendo punida, seja por ter sido má com eles, seja por ter se mostrado enciumada em relação a um irmãozinho ou irmãzinha que acabou de nascer, por exemplo. É por isso, em parte, que a criança tem uma capacidade incrível de suportar a doença e o sofrimento que ela acarreta sem se queixar – a ponto de se ter pensado por muito tempo que as crianças não sofriam. Em caso de internação por um motivo benigno, é preciso ficar ainda mais vigilante, pois isso pode acarretar danos psíquicos ainda maiores que uma doença grave. Uma criança com um câncer incurável estará sempre mais rodeada de pessoas e será mais papariacada que outra operada de apendicite ou de uma hérnia, que não são motivo de preocupação; ela será mais facilmente deixada nas mãos dos profissionais. Para a própria criança, contudo, não existe doença pouco grave; só existem eventuais abandonos dolorosos.

A internação representa sempre uma separação imposta, que fragiliza, sobretudo na medida em que não se tem necessariamente capacidade de controlá-la. Constitui uma ruptura radical na vida da criança, que perde suas referências habituais – sua casa, seus brinquedos, seus amigos, seu ritmo de vida – e todos os rituais de que necessita para se tranqüilizar.

....

1. Anna Freud e Thesi Bergmann, *Les enfants malades*, Privat, 1972.

A separação em marcha lenta

A criança que sofre de uma deficiência é um fusionador à revelia de si própria, que coloca os pais num doloroso dilema, como mostram as histórias que se seguem.

Encontro uma mulher cuja filha sofre de uma gravíssima deficiência: mais grunhe do que fala, baba, se suja... Ao longo da vida, essa mãe sacrificou tudo para manter perto de si a filha em dificuldades e cuidar dela da melhor maneira possível. Com o marido, hoje morto de um enfarte, o relacionamento foi tumultuado, pois ele a pressionava para pôr a filha numa instituição especializada; e o filho mais velho está se tornando agora independente, desejoso de escapar dessa família em que ele sempre esteve em segundo plano. Tendo desistido de trabalhar faz muito tempo, essa mulher está, portanto, totalmente isolada com a filha.

Quando recebo as duas, a mãe está extremamente aflita: testes genéticos acabaram de revelar uma anomalia cromossômica de que ela é portadora e que seria a causa da deficiência da filha, o que coloca para ela a questão da transmissão e da hereditariedade. Sente-se responsável pela doença da filha, responsável por essa desgraça que ela não acaba de causar nunca. Desesperada, ela diz: "Se eu também estou doente, melhor seria que eu a matasse, porque ela não poderia sobreviver sem mim." Sente-se incapaz de se separar do objeto de sua desgraça, preferindo morrer com ela a correr o risco de sobreviver a ela.

Outra vez, recebi um casal de professores com uma filha portadora de síndrome de Down. Sempre procuraram favorecer sua integração e, para isso, mantinham-na na escola. Contudo, agora, com 12 anos, Manon parece não estar bem, está retraída, fechada sobre si mesma. Sugiro colocá-la numa instituição mais adaptada a seu caso, na qual poderá dar continuidade à sua escolarização, mas no seu próprio ritmo. Os pais hesitam antes de aceitar, movidos pelo desejo de normalizar a filha. Na instituição, o estado da menina melhora, ela recupera o ânimo e a alegria de viver. Os pais estão felizes, mas continuam tomando iniciativas para que Manon não passe ali a vida toda, insistindo por exemplo para que possa festejar seu aniversário em outro lugar. No correr dos anos, diante de seus progressos e de seu bem-estar, consentem com que fique interna durante a semana. Depois, ela irá para um CAT[1], morará em um pequeno apartamento próprio, exercerá uma profissão compatível com suas competências.

Tende-se comumente a dizer que os pais de uma criança deficiente ou gravemente doente não conseguem se separar dela. A meu ver, há nisso uma inversão das proposições: é porque a criança não adquire autonomia que não dá aos pais forças para deixá-la se afastar deles. Assim como é preciso haver dois para haver fusão, é preciso haver dois para se separar, mas a deficiência e a dependência que ela cria reforçam o vínculo. A criança precisa sempre dos pais – ou de um terceiro – para garantir sua sobrevivência, e eles muitas vezes acham que são, se não os únicos, ao menos os mais competentes para cuidar do filho. Mais competentes são de fato, ao menos em parte: pelo

──────────

1. Centro de Ajuda para o Trabalho, estabelecimento destinado a favorecer o trabalho e a inserção de jovens deficientes.

afeto que têm por ele e por serem os únicos a carregar o filho imaginário com que tinham sonhado antes de ele nascer, a criança que ele teria se tornado se não fosse deficiente.

Embora o nascimento de um filho assim possa ser fonte de depressão e de culpa para os pais, muitos dão a volta por cima, pois continuam imaginando o que ele virá a ser. De fato, um filho é um sonho de futuro, e os pais sempre antecipam seus progressos: vai andar, falar, irá para a escola etc. Os pais de deficientes, como todos os pais do mundo, projetam, sonham, antecipam. A deficiência é da criança, não dos pais.

A respeito da atitude destes últimos, de sua reserva de esperança, os psiquiatras certamente falariam rápido demais de recusa da realidade. Digamos antes – e sobretudo tentemos entender – que é normal não aceitar a realidade, acreditar que o filho deficiente vai progredir pouco a pouco até, talvez, recuperar um desenvolvimento normal. Os médicos têm um dever de lealdade para com os pais: não proibir a esperança, mas colocar-lhe certos limites, a fim de que eles possam se acostumar paulatinamente com a realidade. Para conseguir se compor com essa realidade, esses pais precisam de tempo, um tempo que devemos respeitar e que nunca nos cabe julgar.

Necessidade de tempo, mas também necessidade de terceiro entre eles e o filho – cuidados em domicílio, internações temporárias, colocação em instituições –, a fim de criar espaços de diferenciação, intervalos de separação em que os pais vão se sentir apoiados por médicos, profissionais de saúde e professores. É o único modo que têm de perceber a desgraça que lhes cabe viver: se ficam excessivamente mergulhados nisso, correm de fato o risco de não reconhecê-lo mais, tal como aquela mãe da menina tão gravemente deficiente. Ela tinha se enquistado em seu sofrimento, e sua devoção à filha lhe retirara qualquer possibilidade de ter outros investimentos, de preservar a relação com o marido e o filho que, sob a alegação de que estava bem, tinha de poder se virar sozinho. Por não conseguir alcançar um desligamento relativo em relação à filha, o psiquismo da mãe parecia ter parado, apenso à doença, tragado pelo sofrimento.

Já os pais de Manon conseguiram um desligamento relativo, respeitando apesar de tudo a filha com sua deficiência e suas capacidades. Acabaram aceitando o fato de que ela não podia ter uma vida igual em tudo à das outras crianças, mas que isso não a impedia de ter uma vida própria. Claro, o desejo inicial deles de normalizá-la não se discute. Ninguém pode contestar que a integração dos deficientes representa um enorme progresso: eles obtêm benefícios disso, bem como a sociedade como um todo que, no contato com a diferença, descobre mais tolerância. No entanto, é preciso saber moderar nossos desejos de integração e se adaptar às possibilidades do deficiente, como mostra a história de Manon. Se a menina estava começando a se deprimir na escola, é porque vivia ali seu fracasso. O desejo dos pais de mantê-la num curso normal afetava seu narcisismo e sua auto-estima. De fato, ainda que fragilizado, o narcisismo também existe no deficiente, que precisa ser bem-sucedido na proporção de seus meios e de suas competências.

A meu ver, o ofício dos pais consiste em ensinar os filhos a se desprender para se tornarem autônomos. Com uma criança deficiente, o caminho da separação-individuação é mais longo e mais difícil, porque a deficiência parece fixar o tempo, tempo subitamente imóvel que freia as veleidades de autonomia, quando, comumente, o tempo sempre móvel não pára de multiplicá-las.

Dentre os pais de deficientes, alguns suportam a dor e parecem enfrentá-la com brio, alguns entregam o filho a outros para não vê-lo mais, outros ainda ficam em sua dor sem conseguir se separar dela... Ninguém pode lançar o anátema sobre eles, cada um toma uma decisão que, seja ela qual for, não deve ser submetida a nosso juízo.

5. Quando os pais se separam[1]...

O filho é submetido à separação deles, que o obriga a realizar sobretudo um remanejamento psíquico das imagens parentais e o força a renunciar a certos sonhos.

Por lhe ser imposta, essa separação nunca ocorre sem sofrimento, um sofrimento que às vezes se exprime sob a forma de sintomas, sublinhando a dificuldade de aceitar a realidade. Contudo, o mais deletério no divórcio dos pais não é tanto o sofrimento, mas o risco de fusão compensatória que ele comporta.

....
1. Em homenagem ao último livro de Françoise Dolto, escrito em colaboração com Inès Angelino, *Quand les parents se séparent*, Col. Points, Seuil; ed. bras.: *Quando os pais se separam*, Rio de Janeiro, Jorge Zahar, 1989.

O divórcio nunca é trivial

Arnaud tem 7 anos e o pai dele acabou de morrer. A mãe pede uma consulta às pressas, por estar convencida – como tantos pais – de que os psiquiatras têm o poder de impedir seus filhos de sofrer ao passarem por um episódio particularmente difícil. Na verdade, o único motivo que justificaria uma consulta seria as crianças não manifestarem nenhuma tristeza.

Arnaud tem uma meia-irmã, que sua mãe teve com um primeiro marido, e um irmãozinho de 4 anos. Ele parece efetivamente muito triste, um pouco reservado, aparenta estar alheio, tomado pela dor. Já que ele está ali, penso que o mínimo que posso fazer é ajudá-lo a integrar a lembrança do pai, para que não fique totalmente separado dele e seu pai possa continuar existindo na sua memória. Por isso, tento fazê-lo contar algumas lembranças agradáveis que tem do pai, mas Arnaud quase não responde, como se tivesse dificuldade de rememorar aqueles instantes felizes que nunca mais se repetirão.

Por fim, ele se anima quando lhe pergunto que profissão quer seguir mais para a frente. "Arquiteto", me diz ele com um verdadeiro sorriso, o primeiro de nossa conversa. Respondo-lhe que acho muito bonito querer exercer a mesma profissão do pai, é uma maneira de dar continuidade ao que ele fazia, e Arnaud parece muito feliz com esse comentário. Digo-lhe também que, apesar de sua infelicidade, tem sorte, pois se lembrará do pai, ao passo que seu irmãozinho de 4 anos não terá nenhuma lembrança real, somente lembranças reconstituídas. "É porque eu vivi sete anos e meio com ele, enquanto meu irmão só o conheceu durante quatro anos", acrescenta ele orgulhoso. "E uma das suas missões será ajudar seu irmãozinho a se lembrar do seu pai, contar-lhe tudo o que vocês faziam juntos", replico eu. Depois peço que a mãe se retire para ficar sozinho com ele.

A partir desse momento, a atitude do menino muda, põe-se a falar de uma série de coisas, indaga-me sobre minha profissão etc., sem contudo abandonar totalmente sua tristeza. Passado certo tempo, peço que a mãe se reúna a nós para ver se, na presença dela, Arnaud não "exagera" um pouco seu luto. Não haveria nada de surpreendente nisso: é freqüente ver as crianças aumentar suas manifestações de tristeza para estar em conformidade com os adultos. Esforçam-se assim para corresponder melhor ao que acham que se espera delas. Minhas hipóteses ficam abaladas quando a mãe retoma a palavra: "Há algo que eu ainda não lhe disse. Meu marido e eu estávamos separados havia um ano." Aí, Arnaud intervém: "Já entendi que acabou, você nunca mais vai morar com o papai."

Com essas palavras, ele explica a intensidade de sua dor. A separação dos pais o tinha fragilizado, mas a morte do pai veio realçar essa fragilidade, que finalmente se manifesta na forma de uma tristeza de matiz depressivo. Com os pais separados, Arnaud não parava de perguntar para a mãe quando ela voltaria a morar com o pai; não suportava estar privado da presença dele e sofria com a situação que não entendia, mas se protegia imaginando-a como algo reversível e provisório. A morte o colocou de repente diante da irreversibilidade daquela separação, e a realidade varreu seu imaginário quanto a uma reconciliação possível entre os pais. Então, ele se deprime. Pode-se imaginar que a perda sozinha teria sido menos dura para essa criança:

foi a seqüência separação e perda que agravou o sofrimento, a perda funcionando aqui como um pós-trauma, sendo o trauma inicial a separação dos pais que criara uma fragilidade psíquica.

Quem não experimentou uma profunda comoção ante o anúncio da morte de um amor ou de um amigo que, no entanto, já havíamos perdido de vista fazia muito tempo? A perda remete à separação anterior como se, afinal de contas, ninguém nunca se separasse por completo: filtramos as lembranças para guardar apenas as boas, esquecer as brigas, a mediocridade, o rancor, a mesquinharia, não até o ponto de pensar que a história pode recomeçar, mas esperando que sejam dois a ter essas lembranças. Quando o outro morre, ficamos sós com nossa memória. A separação constitui uma perda sempre reversível.

Para os adultos, o divórcio se tornou algo trivial. Não quer dizer que ele não seja doloroso, mas que passou a estar integrado como uma eventualidade da vida de casal. Ainda que se sonhe com um amor para todo o sempre, na realidade sabemos que o casamento não é mais uma garantia de eternidade compartilhada.

Hoje em dia, é freqüente os pais, sempre muito atentos, virem fazer uma consulta antes do divórcio, perguntando-me o que podem fazer para que os filhos não sofram. Respondo que atenderei as crianças se e quando elas sofrerem e que por enquanto não há prevenção para o sofrimento.

Há sempre sofrimento? Sim, acho que sim, pois, do lado da criança, o divórcio não é trivial, como mostra a história de Arnaud. A criança precisa crer que provém do amor dos pais e que esse amor é eterno. Os adultos podem sonhar com outros amores, a criança, não; tem um pai e uma mãe que só concebe juntos. Precisa da imagem forte e idealizada dos pais antes de derrubá-los de seu pedestal na adolescência. Porém, os conflitos, a separação, ao "cortar" o casal, estragam essa imagem, ainda mais ideal por ser composta das imagens superpostas do pai e da mãe que se reforçam.

Insisto aqui no fato de que, por definição, os psiquiatras atendem as crianças que não estão bem, as que mais sofrem com a separação dos pais. Para as outras, que são muitas, as coisas se passarão sem muito dano. Vão sofrer, é certo, mas o sofrimento faz parte da vida e acabarão arrumando imagens parentais plenamente satisfatórias. Por algum tempo, vão sonhar, como Arnaud, que a separação não é definitiva, até entender que a vida é diferente dos sonhos deles e que os pais nunca mais voltarão a morar juntos. Isso pode levar certo tempo, e eles exprimem seu sofrimento a seu modo, com queda no desempenho escolar, por exemplo, com distúrbios do sono ou sendo agressivos... Costumam ser reações passageiras que devem ser tomadas pelo que são: a expressão de um sofrimento que, por outro lado, as crianças tentam mascarar para não aumentar a dor que pressentem nos seus pais.

Em vez de consultar um psiquiatra infantil de maneira preventiva, o melhor a fazer para que tudo corra bem é não negar a realidade. Quando os pais dizem aos filhos que nada vai mudar com o divórcio, isso não é verdade, pois muitas vezes a separação vem acompanhada de alterações concretas (mudança de casa, ausência de um dos pais no dia-a-dia, nova organização etc.). Contudo, a mais bela denegação consiste em prometer à criança que seus pais continuarão os mesmos. Depois da separação, continua-se sendo pai ou mãe, claro, mas não se é exatamente o mesmo. Explique-se para um garoto de 5 anos que seu pai não mudou, sendo que ele está morando com outra mulher, que também tem um filho de 5 anos, um desconhecido com quem o pai joga bola enquanto ele fica com a mãe. É seu pai, mas não é exatamente aquele que ele conhecia e com quem morava, o que parece evidente. Talvez o pai acredite no que diz, mas a criança não é tola, ainda que, com muita sabedoria, jogue o jogo e finja acreditar.

Elodie, 6 anos, sob a aparência de menininha encantadora, tem um comportamento de "pequena delinqüente": na escola, não tem amigos, pois quer sempre mandar nos outros e não suporta que não obedeçam a suas ordens. Insolente, agressiva, chegou a levantar a mão contra a professora da pré-escola que a punha de volta no seu lugar.

Assim que chega, ela me dá um beijo. Visivelmente, essa menininha faz de tudo para controlar seus interlocutores, mesmo adultos, e é ela que manda sentar a mãe e o tio que naquele dia vieram com ela.

Os pais de Elodie se separaram quando ela tinha 2 anos. O pai mora atualmente em Annecy, para onde se mudou por causa do trabalho, e Elodie passa todas as férias escolares com ele, que é um "papai férias" muito idealizado pela garotinha. Conta-me dos sanduíches (*croque-monsieur*) que fazem juntos e afirma com veemência que ele nunca terá namorada.

Elodie mora com a mãe, que vive numa relação muito fusional com sua própria mãe. Terá sido porque, ao nascer, um problema com as aglutininas exigiu uma transfusão? No entanto, o que não passou de um incidente fez com que a mãe de Elodie tivesse sido considerada "doente do sangue" e superprotegida pela mãe. Ficou grudada com esta até o casamento, que lhe permitiu tomar certa distância, mas, depois do divórcio, as duas mulheres recuperaram uma grande – excessiva? – proximidade, telefonando-se várias vezes por dia quando não podiam se encontrar. Como a mãe de Elodie tem agora um companheiro, a avó, verdadeira ogra afetiva, resolveu comandar a vida de Elodie; colocou na cabeça que a neta tinha de pular um ano – apesar de seu comportamento agressivo, a menina vai bem na escola –, como se essa fosse uma solução para fazê-la mudar de atitude. Essa aceleração da escolaridade parece-me, ao contrário, danosa: se mudasse de classe, Elodie se afastaria um pouco mais de seus colegas, o que poderia reforçar ainda mais a fusão entre a avó e a neta.

Por recomendação do tio – irmão da mãe de Elodie –, a família acabou de contratar uma babá, cuja presença deveria ajudar a desgrudar a neta da avó. Nessa família, esse homem parece ser o único disposto a reagir e, durante a consulta, diz para a sobrinha em tom de ameaça que se ela não resolver se acalmar terá de ir para a casa dele.

De fato, desde a separação dos pais, Elodie se tornou uma pequena rainha a quem, sob o pretexto de não aumentar ainda mais o trauma do divórcio, ninguém recusa nada: nem o pai, que é todo dela durante as férias, nem a mãe, que teme o enfrentamento e prefere ceder, nem a avó sobretudo. Como nada nem ninguém põe algum limite para seu comportamento, Elodie vive num sentimento de onipotência que explica por que, na escola, ela não tolera nenhuma frustração. Não gosta do namorado da mãe e é sem dúvida com o intuito de afastá-lo que diz querer morar com o pai. "É ele ou eu", ela parece dizer à mãe com sua atitude. Inconscientemente, trava uma luta constante para reunir os pais. Ainda está habitada por um pensamento mágico que a leva a crer que seus pais se amam apesar de tudo e faz o possível para manter um vínculo romântico entre eles. Os pais sem dúvida ainda se entendem bem demais para que ela se dê conta da ruptura e a aceite.

Cada um faz o possível para poupá-la cedendo a todos os seus caprichos. Resultado: Elodie não pode progredir. É como uma criança que se recusa a renunciar a seu sonho e a seu desejo. No entanto, para avançar, tem de perder sua ilusão. Em outras palavras, os pais têm de deixar algum espaço para que o sofrimento psíquico, inevitável, possa aparecer. Em suma, para crescer, Elodie tem de deprimir um pouco, viver o sofrimento causado pela separação dos pais, perder alguma coisa para poder ganhar um novo território de liberdade.

A fusão reativa

Como psiquiatra, vez por outra sou chamado para ser perito judicial de divórcios que podem ser qualificados de patológicos. O que costumo observar é a recusa categórica de ver o pai – a mãe bem mais raramente.

É a história de Corinne, 10 anos, que começa a choramingar no sábado quando seu pai deve vir buscá-la e que depois, durante a semana, tenta convencer a mãe a não mandá-la para a casa dele no fim de semana e dá um jeito de ser convidada por amigas para ter certeza de não encontrá-lo. Quando lhe pergunto os motivos de sua recusa, contenta-se em dizer: "Não quero, só isso", apesar de não haver, a mãe confirma, nada que possa explicar tal atitude.

Não é um caso raro. De maneira bastante espetacular, a filha se sente traída, aviltada, enganada pelo pai, exatamente como a mãe. Abraça a causa desta, identifica-se totalmente com ela e vê no pai um namorado que falhou. A separação provoca nela uma fobia bastante desconcertante da imagem paterna e, mais que isso, da imagem masculina.

O pai não entende nada. Gosta da filha, sofre por não poder vê-la tão freqüentemente como antes e tenta descobrir o que pode ter feito para que ela se comporte assim. Como muitos na mesma situação, acaba achando que há manipulação por parte da mãe, que poria a filha contra ele.

Explico-lhe que não há manipulação, mas adesão fusional à mãe. Move a cabeça indicando que entende, mas, alguns dias depois, vai esperar a filha na saída da escola e a leva à força para seu carro, sob os protestos dela. Depois de alguns minutos, ela aproveita um farol vermelho para escapar. Quando eu lhe indago sobre os motivos dessa conduta, ela responde: "Porque ele me mete medo", sem que saiba explicar de que é feito esse medo.

Nos divórcios difíceis, a separação do casal parental muitas vezes acarreta a criação de um novo casal mãe-filho ou mãe-filha – mais raramente com o pai, deve-se reconhecer –, casal fusional que exclui aquele que partiu. A mãe se volta para o filho e transfere para ele todo o amor que já não dá para o companheiro, ao passo que a criança preenche a ausência do pai regredindo para um estado anterior e desejando ao mesmo tempo aliviar o sofrimento da mãe que ela sente fragilizada. Nessa fusão, reativa e arcaica, cada qual luta contra o vazio criado pela separação, sem ver que ambos estão caindo numa armadilha cuja vantagem só pode ser de curta duração, na medida em que a fusão impede de se confrontar com a realidade da perda do amor no caso da mãe, da ausência do pai no caso do filho. Para evitar esse tipo de "colagem" prejudicial para o desenvolvimento da criança, o ideal é sem dúvida os dois pais voltarem a encontrar um companheiro depois do divórcio. Infelizmente, o amor não pode ser prescrito pelos psiquiatras, nem por ninguém, aliás.

Costuma-se dizer que as crianças se colocam do lado daquele que percebem como o mais frágil. É verdade, mas essa atitude é muito ambígua, pois logo entenderão essa fragilidade como sendo a causa da partida do outro. Para elas, a fragilidade se torna, se não a culpada, ao menos a responsável pela separação e anula a imagem forte que precisam ter do pai ou da mãe. Ao mesmo tempo, as crianças vão se aliar ao mais frágil.

Mas como? Tornando-se pai / mãe do pai / mãe, invertendo os papéis, porque o pai / mãe já não é suficientemente forte para desempenhar o seu. Vão entrar em relação a ele/ela numa estratégia de apoio, de atenção, vão cuidar dele/dela no dia-a-dia, perguntar-lhe como estão as coisas no trabalho etc. Vão cuidar para nunca falar do(a) novo(a) namorado(a) do outro. Às vezes, a mãe proibirá as crianças de encontrar a rival, o pai exigirá que o namorado de sua mulher não esteja em casa quando ele vier buscá-las etc. É como se aquele que não refaz sua vida não estivesse totalmente separado do outro e é quase por compaixão que a criança vai desejar que o casal se recomponha, para aliviar a dor do pai ou da mãe. No entanto, ela está impedida de esquecer o casal parental de onde veio.

Os limites da guarda alternada

A fim de preservar o filho do sofrimento causado pela separação dos pais – aliás, bem mais do que para lutar contra a criação desses novos casais pai-filho –, prega-se hoje cada vez mais a guarda alternada. Por expressar algumas ressalvas no tocante a esse funcionamento, costumo ser tratado de reacionário. No entanto, trata-se de uma condenação um tanto apressada.

O que quero ressaltar em primeiro lugar são os extraordinários progressos realizados pelos pais em relação aos filhos, e devemos comemorar o fato de algumas associações terem militado justamente para que eles obtivessem mais direitos, os mesmos das mães, a fim de não serem anulados em caso de separação. No entanto, esses pais militantes não são maioria e a paridade, atualmente pregada em caso de divórcio, não corresponde à realidade dos casais "compostos", em que a divisão de tarefas relativas à educação dos filhos não é paritária: o banho, o vestir, as idas ao pediatra, as matrículas e o acompanhamento das atividades... são as mães que se dedicam a isso em 80% dos casos. Concordo que se deva matizar essa afirmação: nas consultas de psiquiatria infantil, os pais estão cada vez mais presentes, 75% das vezes nos casos de problema com um bebê. Isso não invalida o fato de que, em caso de guarda alternada, os pais se vejam confrontados com uma realidade de atenções e cuidados que, até então, delegavam de bom grado para a mulher.

As crianças precisam do pai e da mãe, repetem incansavelmente os fervorosos defensores da guarda alternada. Lembremos a eles que esta não é uma novidade do terceiro milênio, que ela já teve uma história e partidários uns trinta anos atrás, antes de cair em desuso por ter sido considerada pouco convincente. Um de seus adversários da época, René Diatkine, um dos três grandes mestres em psiquiatria infantil junto com Michel Soulé e Serge Lebovici[1], insistia então no fato de que, embora a criança precise do pai e da mãe, também precisa de uma casa, uma só e não duas. É o que exprime a seu modo ET, o charmoso extraterrestre imortalizado por Spielberg: "ET telefona casa." O que ele quer é certamente reencontrar os pais – a menos que ET seja órfão, o que a história não diz –, que para ele estão reunidos na mesma casa, é ela que os simboliza e representa. Que adulto aceitaria mudar de casa toda semana, transportando parte de suas coisas?

A guarda alternada supõe, ademais, que os pais se dêem suficientemente bem para se encontrar regularmente, sobretudo quando as crianças são pequenas. Será possível negar a parcela de ódio e ressentimento que existe num rompimento amoroso? Não acho que todas as separações sejam tão harmoniosas quanto se diz; no entanto, a guarda alternada, em nome do sacrossanto interesse da criança, sempre obriga os pais a representar o bom entendimento. Se eles se dão tão bem, por que se separaram? A criança certamente se faz essa pergunta e sem dúvida se torna mais difícil para ela não esperar que eles voltem a ficar juntos. A menos que, sob o bom entendimento

....

1. R. Diatkine, S. Lebovici, M. Soulé, *Traité de psychiatrie de l'enfant et de l'adolescent*, PUF.

exibido, transpareça um rancor não expresso, capaz de causar estragos na criança, que o sente apesar de tudo.

Por fim, a guarda alternada impõe certo número de exigências materiais: duas casas bastante grandes para que as crianças possam instalar ali todas as suas coisas, suficientemente próximas para que possam ir à mesma escola, para que fiquem perto dos amigos e de suas atividades.

Então, por que não a guarda alternada no caso de pessoas abastadas e generosas? Mas ela não é a panacéia, não deve ser exigida pelos juízes, sobretudo quando o divórcio é difícil. É o julgamento de Salomão: corta-se a criança em dois, sempre no interesse dela, claro. Contudo, alguém realmente lhe pergunta sua opinião, e como poderia ela dar a sua opinião? Claro, ela tem vontade de encontrar o pai *e* a mãe, já que não pode continuar morando com os dois juntos! Será que a guarda alternada torna a separação menos dolorosa? A decisão, que pretende ser amena, em nada altera a dor e todos os rearranjos que é preciso efetuar. No entanto, acha-se que a criança já não tem motivos para estar infeliz – em todo caso, que tem menos motivos. A fixação do domicílio na casa de um ou outro pode parecer uma solução radical, mas permite que a criança tome posição, se situe e reconheça um sofrimento que a guarda alternada tenta negar.

Insisto contudo em esclarecer que, se não sou partidário desse modo de guarda a qualquer custo, não é para privar os pais do que quer que seja. Pelo contrário, defendo uma verdadeira alternância: um ano na casa do pai, outro na casa da mãe, ou até a 4.ª série na casa da mãe e da 5.ª à 8.ª na casa do pai. Durante esse tempo, o pai não guardião exerce o direito de visita clássico, fim de semana sim, fim de semana não, e a metade das férias escolares. Esta é outra visão da paridade.

6. *O trabalho de luto*

A morte, que acaba com qualquer esperança de retorno e reencontro, é a única separação definitiva. Depois da perda de um ente querido, o mundo parece pobre e vazio, como escreve Freud, e o enlutado precisará de tempo e energia para reinvesti-lo. Esse tempo e essa energia são mobilizados pelo trabalho de luto, que vai tornar possível admitir aos poucos a realidade da perda e integrar a lembrança do desaparecido, graças à qual o vínculo perdura, apesar da ausência.

Essa morte que mete tanto medo

Faz quase dois anos que, todas as noites, Thibault, 11 anos, nascido na bela cidadezinha de Oloron, nos Pireneus, acorda, acende todas as luzes e corre para a cozinha, onde inspeciona armários e geladeira em busca de algo para comer. Quando lhe pergunto por que faz isso, ele responde: "Porque tenho medo da morte." Como a comida não basta para apaziguar sua angústia, recentemente Thibault começou a vir abraçar os pais, agarrando-se a eles como se assim pudesse impedi-los de desaparecer.

Seu pai, que o trouxe, conta-me que durante muitos anos ele e a mulher tiveram fortes brigas, com a violência – verbal, mas não física, esclarece ele – entre os adultos respingando nas crianças que sofriam aquelas explosões sem poder acalmá-las.

Quando interrogo Thibault para saber se guarda alguma lembrança particular desse período, conta-me outro episódio que remonta a quando tinha 6 anos. Estava no campo, na casa de um primo cujo pai, ladrão que praticava pequenos furtos, roubava as fazendas da região e corria o risco de levar um tiro de algum dos camponeses que muitas vezes andavam armados de carabinas. Na época, Thibault e o primo brincavam de guerra com fuzis de plástico, e foi então, diz ele, que começou a ter realmente medo da morte: "A gente fazia de conta que morria... Eu pensava que não morreria nunca porque só se morre na guerra. Mas meu primo me disse que havia todos os tipos de guerra e que se podia morrer de muitos jeitos."

Pode-se então estabelecer uma relação entre a guerra mortífera que ele imagina e aquela a que se entregam seus pais. De tanto se combaterem, aqueles dois correm o risco de se separar – Thibault os escutou várias vezes evocar essa possibilidade –, mas também de morrer, sendo que o medo da morte vem aqui exprimir o medo da separação e da perda que ela representaria. Por temer perder os pais – ou, mais precisamente, o casal de seus pais –, Thibault tem medo de perder a vida.

Voltemos um pouco à ontogênese da idéia da morte. Ela não existe na criança pequena. A ausência da mãe (ou do pai, ou de qualquer pessoa que cuide dele e garanta os cuidados necessários para sua sobrevivência) é sem dúvida vivida como uma perda, tanto mais intensa e nociva na medida em que o bebê não existe fora da mãe, mas não há representação da morte.

Até os 5, 6 anos, a morte é imaginada como reversível. A criança se debruça na janela e pensa: "Posso pular com o meu gato, cair e morrer. Os bombeiros vão vir me buscar, vão me levar para o hospital e vou voltar para casa para brincar com o gato." Para ela, a morte não existe de fato. Quando lhe anunciam o falecimento de alguém, não é raro a criança perguntar quando ele vai voltar, porque hoje a pessoa está morta mas amanhã, ou mesmo daqui a pouco, estará viva, como nas brincadeiras em que os mortos não param de ressuscitar.

Por volta dos 6 anos, a morte passa a ser tomada pelo que é: uma separação irreversível, e essa tomada de consciência pode acarretar o aparecimento de tiques, distúrbios do sono, medo de doenças ou de micróbios. A criança entende que um dia todo o mundo morre: portanto seus pais podem morrer, assim como ela.

Freud dizia que o medo é a doença fisiológica da primeira infância, doença inevitável e sinal de bom desenvolvimento.

Durante os primeiros anos, a criança vai praticar todos os medos possíveis – medo do escuro, medo do lobo, medo das aranhas, medo da água, medo de fantasma etc. –, para melhor abandoná-los quando se sentir segura. A exemplo das doenças infantis, esses medos de certa forma a imunizam. O medo da morte vem fechar esse período, superando todos os outros medos, que os torna derrisórios. É a idade em que a criança sai da fase edipiana: as pulsões sexuais entram em latência e a energia que elas mobilizavam é posta a serviço da aprendizagem. Passa então a se interessar pela morte de maneira quase epistemológica, apaixonando-se pela anatomia, pelos esqueletos, pelas doenças, pelos dinossauros e por outras espécies extintas. O saber permite que se familiarize com a idéia da morte e, sobretudo, que se proteja do temor que ela lhe inspira. Ao mesmo tempo, o romance familiar, com seus pais imaginários e brilhantes, ajuda-a a lutar contra a angústia de ser "abandonada" se os pais reais viessem a desaparecer. O medo da morte marca a perda da primeira infância e do extraordinário poder criativo e poético que a caracteriza.

Posteriormente, na adolescência, a idéia da morte vai ganhar nova realidade e nova intensidade. É para tentar controlar a morte que os adolescentes agem por meio das condutas de risco, andando rápido demais e sem capacete nas suas lambretas, experimentando substâncias ilícitas, tendo relações sexuais sem preservativo etc. Nessa idade, morrer, ou ao menos flertar com a morte, é um modo de conquistar a vida, de se tornar dono dela, tal como devemos nos tornar donos de nós mesmos, de nosso corpo, que se transforma e que já não reconhecemos. Para o adolescente, a morte às vezes é fascinante, ao passo que para Thibault, ainda menino, continua sendo assustadora, em parte por causa das brigas entre os pais que o confrontam com a possibilidade de uma perda imposta e que ele pressente ser definitiva. No limiar da adolescência, é ele quem tem de se afastar dos pais e não eles de abandoná-lo. Só ele pode brincar com a idéia da morte.

A recusa da perda

Quando recebo Marion pela primeira vez, ela tem 7 anos. Seu irmão mais velho acabou de morrer em um acidente e, desde então, ela sofre de encoprese[1].

Volto a recebê-la três anos depois, quando a vida continua a maltratá-la. Dessa vez, é o pai que acabou de morrer de um melanoma e, novamente, Marion está encoprética. Um mesmo trauma, o da morte, provoca duas vezes o mesmo sintoma.

A aprendizagem do controle dos esfíncteres é uma conquista de autonomia essencial, pois representa a primeira separação social. É depois de tirar as fraldas que a criança poderá ir para a pré-escola, mas é também nesse momento que vai descobrir a intimidade. O encoprético nos coloca diante de um paradoxo. Recusa-se a se separar de suas matérias fecais, que são uma parte dele mesmo e, ao mesmo tempo, recusa a ordem estabelecida, o enquadramento. Os sentimentos negativos que ele provoca, sobretudo nos pais, acabam por lhe dar a

....

1. Incapacidade de se separar das fezes ou, de maneira mais agressiva, incapacidade de retê-las.

sensação de ser autônomo. No entanto, se por um lado se mostre de fato autônomo em sua recusa do social e da sociabilidade, por outro não é autônomo com relação a si próprio porque se imobiliza numa estratégia de oposição e de isolamento mantendo um vínculo perverso com os pais. O encoprético se instala numa posição individualista e recusa a abertura aos outros por medo de se perder.

É comum uma criança ficar encoprética quando nasce um irmãozinho ou uma irmãzinha; poder-se-ia falar então de encoprese de aparecimento. Já Marion faz uma encoprese de desaparecimento, quando seu irmão e depois seu pai morrem.

Assim como o nascimento, a morte de um irmão faz emergir a questão da preferência, pois muitas vezes o desaparecido se torna uma espécie de filho ideal para os pais, aquele que teria sido bem sucedido em tudo; para os outros filhos, ele se torna o irmão ou a irmã presumidamente preferido(a), que não podem criticar. A encoprese aparece portanto como um modo de se distinguir dele, pelo negativo, e como forma de dizer aos pais que se está sofrendo de uma patologia e que por isso também se merece a atenção deles. Contudo, opta-se pela provocação e não pelo afeto, pela recusa e não pela submissão, e, então, os sentimentos negativos suscitados nos pais tornam-se proporcionais aos sentimentos positivos que eles têm pelo desaparecido. Nunca é demais insistir em que é preciso redobrar a vigilância sobre as crianças que sofrem a morte de um irmão ou de uma irmã, bem como sobre aquelas que têm um irmão ou uma irmã doentes.

Reter as fezes é recusar-se a se separar de uma parte de si. Perder um parente próximo também é ser separado de uma parte de si. Para Marion, as perdas sucessivas do irmão e do pai foram vividas como uma amputação dela mesma, amputação contra a qual ela luta como pode, tentando guardar e conter tudo, como se isso pudesse lhe garantir que ficará inteira. Ela não quer se perder, assim como tampouco quer perder a mãe, sem dúvida menos disponível para ela devido a esses dois lutos.

"Fazer o luto" é uma expressão que está na moda. Assim, cada um de nós passaria a vida "fazendo o luto" de tudo: das suas ilusões, de sua mocidade, de um amor, de uma casa, de um objeto perdido etc.

Freud, por sua vez, fala de "trabalho de luto", um processo obrigatório que não se pode evitar, assim como tampouco se pode evitar o sofrimento. Um processo cuja duração aproximada Freud determina: o luto "normal" duraria um ano e meio; o luto patológico teria uma duração indeterminada, ilimitada até. Segundo Freud, o luto "comporta um estado anímico doloroso, a perda do interesse pelo mundo externo – sempre que ele não lembre o defunto –, a perda da capacidade de escolher qualquer novo objeto de amor – o que significaria substituir aquele pelo qual se está de luto –, o abandono de toda atividade que não esteja relacionada com a lembrança do defunto [...]. Essa inibição e essa limitação do eu exprimem o fato de que o indivíduo se entrega exclusivamente a seu luto, de sorte que nada resta para outros projetos e interesses"[2].

À medida que crescemos e nos descobrimos mortais, o luto se torna mais longo, mais doloroso. Quanto mais jovens as crianças forem, mais elas têm capacidades surpreendentes para realizar lutos rápidos. A pulsão de vida delas e seu poder de imaginação são mais fortes que a tristeza, que elas poetizam. Embora às vezes a tristeza tome conta delas, ela é rapidamente varrida pela formidável vontade de viver que as crianças têm.

O que não impede, como no caso de Marion, que essa tristeza se expresse na forma de um sintoma que traduz sua dificuldade de aceitar a perda e o desaparecimento, tanto mais dolorosos porque nas duas vezes a menina estava em idade de entender que nem o irmão nem o pai voltariam.

Para ajudá-la, tento evocar com ela lembranças agradáveis em companhia de seu pai, sobretudo uma última semana passada na montanha durante a qual ele tinha comprado esquis

....

2. "Deuil et mélancolie", in *Métapsychologie*, Col. Folio, Gallimard. [Título da obra de Freud em português: *Luto e melancolia*. (N. da T.)]

parabólicos depois de ter, num primeiro momento, afanado os da mulher que não queria esquiar. Diante dessa evocação, Marion sorri.

Por devolver um pouco de vida aos mortos, por possibilitar que sobrevivam em nosso pensamento, a lembrança cuida da perda. Preenche-a tampando parte do buraco da ausência.

No começo, a morte e a dor causada pela separação definitiva invadem tudo; só se percebe a falta, a ausência do desaparecido. Depois, pouco a pouco, o pensamento recria a presença, a dor se infiltra de reminiscências de momentos felizes compartilhados, os mortos voltam a estar vivos em nossas lembranças. Por fim, nos surpreendemos dando continuidade a uma relação afetiva com aqueles mortos que nos são caros. A vida nos separou, mas o laço perdura além do desaparecimento. E, inconscientemente, fazemos de tudo para preservar esse laço. Há uma fidelidade às pessoas desaparecidas que não tem nada a ver com a patologia. Nós a provocamos, a alimentamos. Basta, por exemplo, que uma avó morra para que lembremos com emoção a geléia de cerejas dela ou suas batatas alho e óleo. Seja qual for o sabor das geléias e das batatas que comermos posteriormente, sempre as acharemos menos boas, simplesmente porque não foram preparadas pela vovó. Os vivos nunca farão as coisas como as faziam os mortos e é bom que seja assim. É uma maneira de guardar um lugar para os mortos, de fazê-los continuar vivendo, de reconhecer que eles são insubstituíveis.

Nunca se termina de fazer o luto? A respeito de sua filha Sofia, falecida em 1920, o próprio Freud escreveu, nove anos depois: "Sabemos que, depois de uma perda como essa, o luto agudo irá se atenuar, mas continuaremos para sempre inconsoláveis, sem encontrar substituto. Tudo o que ocupar esse lugar, mesmo que o ocupe totalmente, continuará no entanto sendo sempre outro. No fundo, é bom que seja assim. É o único modo de perpetuar esse amor que não queremos abandonar por nada neste mundo."

O luto não é uma doença

Na montanha, onde está com a escola, Pierre, 12 anos, é colhido por uma avalanche com Jérôme, seu melhor amigo. Tem tempo de vê-lo desaparecer sob a neve antes de se sentir ele mesmo apanhado. Em seguida, chegam os socorristas. Quando o puxam para soltá-lo, Pierre berra de dor: está com as duas pernas fraturadas em vários lugares. À sua volta, ouve dizerem em tom aflito: "Ele está morrendo, está morrendo..." e sente que lhe aplicam uma massagem cardíaca para devolvê-lo à vida. Logo Pierre entra em coma. Na Faculdade de Medicina de Marselha, onde é hospitalizado, considera-se primeiro a possibilidade de uma traqueotomia, mas depois desistem, preferindo fixar as fraturas das pernas e acompanhar a evolução do movimento do tórax, também fraturado.

Quando Pierre volta à consciência, sua mãe já está ao seu lado, tendo chegado em um vôo especial da região parisiense, onde moram. A primeira pergunta que ela lhe faz é: "Você se lembra da avalanche?" O garoto se espanta. Como ela sabe da avalanche? Ele mal sabe onde está, pergunta-se se não teve uma daquelas crises de asma que costuma ter. Depois cai no choro: "Onde está Jérôme?" Então ela lhe conta da avalanche, de suas fraturas, de seu coma, mas também da morte de Jérôme, cujo corpo foi encontrado. Pierre chora muito, repetindo que nunca esquecerá o amigo. Imediatamente acrescenta: "Mas como vou poder ir para a escola com minhas fraturas? Quando vou voltar para a escola?" A reação não é chocante numa criança dessa idade, excelente aluno ainda por cima, a quem a perspectiva da repetência assusta. O menino é essencialmente um sujeito de futuro, muito mais que um sujeito de dúvidas, depressões e lamentos.

Diante da sua reação tão "normal", avalio que esse menino não precisa da minha ajuda. Talvez guarde desse episódio uma fragilidade particular que se expressará quando ele for pai e tiver de deixar os filhos irem para uma colônia de férias ou para um estudo de campo, só isso. Nesse meio tempo, deixemos que volte para a escola lembrando-se do amigo morto cedo demais e administrando a falta que ele lhe faz. Repitamos aqui que o luto não é uma doença. Em *Luto e melancolia*, Freud escreveu: "Também é significativo que nunca nos passe pela cabeça considerar o luto um estado patológico e confiar seu tratamento a um médico, embora ele se afaste seriamente do comportamento normal. Contamos com que será superado depois de um certo tempo e consideramos que seria inoportuno e até nocivo perturbá-lo." É preciso estar atento às pessoas enlutadas, mas não antecipar suas dificuldades para não destituí-las de seu luto. Todas as equipes psicológicas que acorrem em ajuda dos sobreviventes de um acidente ou de um drama certamente estão animadas pelas melhores intenções do mundo. No entanto, essa pressa me parece suspeita: como se fosse preciso ajudar as pessoas a não sofrer, porque o sofrimento, assim como a doença e a morte, são incômodos numa sociedade assepsizada que gostaria de fazer da felicidade um estado permanente e um ideal em si.

Não sou um dolorista convicto, mas acho que as pessoas se constroem na tristeza e na perda ao menos tanto quanto numa beatitude factícia. Todo o desenvolvimento da criança nos mostra isso: as perdas, as rupturas, as quebras constituem uma base que permite crescer, progredir e ganhar autonomia. É impossível não perder. Em contrapartida, cada um cria estratégias pessoais para tornar a separação e a perda suportáveis.

Estranhamente, a mãe de Pierre logo virá consultar-se comigo de novo. "Acho que vou precisar de você apesar de tudo... Pierre tem uma irmã que se dá muito mal com ele. Antes de ele partir, ela lhe disse estar muito contente por ele ir embora e afirmou esperar que ele morresse esquiando."

Não foi Pierre quem precisou de acompanhamento, e sim a irmã. A história deles mostra que o evento traumático em si nem sempre é o mais difícil. O que conta, no fundo, são os tempos que o precederam.

Estratégias para lutar contra a perda

Aos 6 anos, Romain está agitado por tiques: puxa sem parar a gola de suas roupas e faz movimentos com o ombro que não controla. Esse menininho já manifesta fortes inquietações no tocante à morte. Deve-se dizer que foi confrontado com ela muito cedo: nascido de uma gestação gemelar, seu gêmeo morreu *in utero*. E eis que seu pai é acometido de um sarcoma de Ewing, forma de câncer gravíssima que o leva embora em poucos meses. Foi durante essa doença que os tiques apareceram, manifestação motora de algo que não se resolve no plano psíquico e que, por não poder ser integrado e metabolizado pela fantasia, "sai" e se exprime através do corpo.

Num primeiro momento, entrego Romain aos cuidados de uma sofróloga, mediação corporal que pode se revelar muito eficaz na resolução desse tipo de sintoma.

Contudo, quando o atendo alguns meses depois, os tiques se acentuaram ainda mais e se transformaram em caretas e fungações permanentes. Romain me parece muito deprimido: depois da morte do pai, a mãe rapidamente arrumou outro companheiro, um professor de esqui aquático, que o menino aceitou bem. Mas o casal se separou e a partida desse padrasto recoloca Romain numa fase de luto visivelmente dolorosa. Dessa vez, aceita falar de sua dor e iniciar uma psicoterapia.

As caretas e fungações diminuem, ele vai bem na escola, se apaixona pelo espaço e diz querer ser astronauta quando crescer. No entanto, resta certo tom depressivo, que ele põe em cena como se tivesse entendido que era esse o meio de captar um pouco mais a atenção da mãe, que cai na armadilha dessa fusão.

Seis meses depois, recebo novamente mãe e filho juntos. Agora a primeira parece fixada numa relação afetiva estável com um homem que tem um filho da mesma idade de Romain, de quem tem a guarda semana sim, semana não. Embora pareça menos deprimido, o menininho ainda apresenta os mesmos sintomas de ansiedade através de seus tiques no nível do pescoço e do ombro.

Numa consulta, ele me conta dois sonhos. O primeiro diz respeito ao seu irmão gêmeo desaparecido cedo demais. Romain visita o pai numa casa que não é a sua e onde mora com uma nova mulher... e um filho, no qual ele reconhece seu irmão gêmeo. Romain pega o irmão no colo: ainda é um menininho bem pequeno que não cresceu e que lhe parece muito frágil, como se fizesse muito tempo que não comia. É no momento desse encontro que Romain acorda, chorando.

Esse belo sonho, tão forte emocionalmente falando, é importante em vários aspectos. Mostra que o luto do gêmeo está se dando de maneira tranquila, com Romain entendendo que o tempo passou, que ele cresceu enquanto seu irmão ficou imutavelmente pequeno, congelado como era no momento de sua morte. Continua sentindo por ele um profundo afeto, como prova sua atitude no sonho, quando carrega e acaricia o irmão. A representação deste agora é mais forte que seu desaparecimento. Romain conseguiu reencontrá-lo pelo pensamento, mas também por sua força afetiva e pela qualidade de sua relação fraterna.

Em comparação com esse sonho, o segundo parece bem menos apaziguador e apaziguado. É um sonho recorrente, que Romain diz ter tido pela primeira vez no dia de Todos os Santos que se seguiu à morte do pai. Um homenzinho negro se aproxima dele para lhe dizer uma palavra, só uma: "Difícil", antes de desaparecer, deixando-o só e inquieto quanto ao significado desse termo. Esse sonho evoca o luto do pai, visivelmente impossível de fazer por ora, embora a mãe pareça tê-lo feito muito rapidamente. Em geral, vimos que as crianças se curam mais rápido do luto do que os adultos, em particular do que o genitor sobrevivente, podendo até exagerar um pouco na tristeza para conservar o amor deste último. Na história de Romain ocorre o inverso: porque a mãe se cura sem dúvida rápido demais, ele toma o luto para si, esse luto que naturalmente o deixa inquieto e aflito. Ao voltar a se juntar a um homem, a mãe lhe passa a impressão de ter se livrado do pai e é como se, em reação a isso, ele se esforçasse por meio de sua tristeza para perpetuar a presença paterna, expulsa de casa de modo um tanto apressado. Ainda que as crianças não o expressem como nós, ainda que tenhamos a impressão de que são indiferentes, é preciso respeitar seu tempo de luto, deixando suficiente espaço e presença para o morto.

Numa sessão, peço a Romain que mencione a lembrança mais bonita que tem do pai. Ele responde: "Eldorado City, quando a gente brincava de mocinho e bandido e meu pai fugia a cavalo e fingia cair e se machucar. Então eu podia capturá-lo." Uma lembrança feliz de cumplicidade na brincadeira, encenação da doença ou da morte e da angústia que elas representam para Romain devido ao desaparecimento precoce do irmão gêmeo, a brincadeira possibilita capturar o pai para ficar com ele e impedi-lo de desaparecer.

Indago-lhe em seguida qual a pior lembrança do pai. A resposta não se faz esperar: "Quando ele caiu do telhado que estava consertando e quebrou o ombro." Com essas palavras, entendo a origem de seus tiques: são uma manifestação motora de seu pai desaparecido, um meio de fazer o pai viver através de seu próprio corpo. O tique, uma espécie de ritual involuntário e repetido de maneira não controlada, aparece aqui como um modo de lutar contra a perda do pai, de tentar mantê-la a distância reinventando a presença paterna – um modo de lutar também contra o sentimento de abandono que o amargura, pois um pai que morre é sempre um pai que abandona.

Em termos mais gerais, todo ritual é uma estratégia anti-separação. Claro que todos, e sobretudo a criança, temos necessidade de um mínimo de rituais que confiram certa estabilidade a nossa vida. Ao proporcionar uma moldura fixa, o ritual garante a ordem e a perenidade das coisas. Cada um de nós está ligado a eles, depende deles em maior ou menor medida. No entanto, do rotineiro ao maníaco ou obsessivo, nem todos os rituais têm o mesmo valor ou a mesma função.

Ninguém escapa de uma certa rotina – se levantar, se vestir, se alimentar, ir para a escola ou para o escritório (e voltar de lá) numa determinada hora... – que permite adaptar-se ao mundo. Não é possível mudar tudo todos os dias, seria um sinal de instabilidade crônica. Gostamos de nos queixar do peso da rotina, mas estaríamos realmente prontos para renunciar a ela? Graças a ela, cada coisa está no seu devido lugar; proporciona-nos assim algumas referências estáveis de que necessitamos para não nos perdermos. Regularmente, as férias vêm pontuar essa rotina... que geralmente dá lugar a uma nova rotina: vamos todos os anos para os mesmos lugares, com os mesmos amigos, nos inscrevemos em atividades que têm hora marcada...

Sair da rotina é ir descobrir, explorar, inventar, mudar... e, pessoalmente, considero isso um excelente sinal do ponto de vista psíquico. Pois o psiquismo é feito de variabilidade. Sempre em movimento, tem uma extraordinária capacidade de ir e vir, associar idéias, criar outras novas, projetar-se no futuro, voltar ao passado, imaginar, inventar, lembrar-se, lamentar, desejar... O psiquismo com boa saúde nunca é linear. Na vida, você pode escolher seguir uma linha reta que lhe pareça já traçada, sem correr o risco de se afastar dela, e o psiquismo sem dúvida acabará por se deixar embalar pela monotonia da viagem nesse caminho marcado. No entanto, isso contraria a sua própria natureza. O psiquismo é feito de atalhos, de extravios, de arrebatamentos; em certos momentos diminui um pouco a velocidade, em outros, ao contrário, acelera... Um grande número de coisas nos empurra para a rotina e para o comportamento estereotipado; contudo, devemos ficar atentos para não nos deixar encerrar nisso. Caso contrário, nosso comportamento já não corresponderá a uma livre escolha, e sim a uma obrigação interna sobre a qual não temos controle.

O obsessivo é sem dúvida nenhuma alguém que não consegue se separar. Repete interminavelmente estratégias para não perder nada do que tem e que o tranqüiliza. Num determinado momento, o obsessivo deixa de viver: de tanto querer controlar a vida, ele a perde, ele *se* perde. A única realidade que ele reconhece é o ritual – tocar um objeto, lavar as mãos, cheirar, farejar... –, que o protege do desconhecido angustiante e vai pouco a pouco substituindo a inventividade, a imaginação, o acaso, a desordem... tudo o que constitui a vida. O obsessivo já não se desprende, está ligado a um comportamento de que não pode se desfazer, que já não pode abandonar. Prisioneiro de suas estratégias de defesa, já não é livre, está acorrentado ao hábito que substitui qualquer outro laço.

Há contudo uma grande diferença entre a neurose obsessiva e os rituais de reasseguramento. Todos nós temos ritos e obsessões, mas quando estas últimas organizam uma neurose, a vida fica amputada e o obsessivo passa a vida não podendo vivê-la.

Quebrar a rotina é inaugurar uma nova parcela de liberdade, o que comporta certo risco: o que vamos encontrar que já não tínhamos? Será melhor ou pior que antes? O mais importante é aceitar a idéia de que será diferente, e é a mudança que vai nos fazer avançar obrigando-nos a nos adaptar, a encontrar novas referências e um novo lugar no mundo. Não existe vida sem desordem.

O luto impossível

Antoine, 10 anos, tem grandes dificuldades escolares. Repetiu a 1ª série do ensino fundamental, foi levando aos trancos e barrancos até a 3ª série, em que está novamente sob ameaça de repetir. Como é comum nesse tipo de caso, pergunto-me por que seus pais vêm me consultar, se é papel do psiquiatra infantil lutar contra o fracasso escolar e se um bom pedagogo não seria mais eficaz do que eu... O caso de Antoine, contudo, é diferente: durante a conversa, o menino me parece de fato ter dificuldades intelectuais, sobretudo dificuldades de compreensão e de associação, e prescrevo uma avaliação composta de um teste psicométrico e de um teste de QI, dizendo aos pais: "Acho que não se pode pedir que tenha um bom desempenho se ele não tem condições para tê-lo." Confesso que o que lhes lanço não é muito promissor e deixa pouco lugar para uma esperança de melhora, mas infelizmente é o que acho.

A mãe pede então que o filho saia, pois, segundo diz, ela sabe por que ele está mal e em situação de fracasso escolar. Conta-me que teve outro filho antes de Antoine, um bebê que, quinze dias antes do final da gravidez, morreu *in utero*. A dor inimaginável daquilo que é chamado de "gravidez de ventre vazio", ou "gravidez túmulo", muitas vezes deixa marcas psíquicas profundas. Para a mãe de Antoine, as seqüelas também foram físicas, pois, depois do aborto provocado, teve de ser submetida a várias intervenções ginecológicas. Quando, com o marido, decidiu ter um segundo filho, enfrentou muitas dificuldades, como se a criança morta *in utero* tivesse provocado uma esterilidade psíquica. Quando finalmente engravidou, essa mulher viveu a gravidez no terror de que a história se repetisse e, quinze dias antes do final, sentiu de novo uma violenta dor nas costas. Recusando-se a correr qualquer risco, o ginecologista decidiu provocar o parto. Antoine nasceu "aturdido", ou seja, não respirou imediatamente, mas tudo logo se resolveu.

Os pais nunca conseguiram falar desse irmão a Antoine e a mãe me diz: "O segredo dessa morte explica por que ele não vai bem na escola."

O que essa mulher não entende é que esse segredo não muda nada: seu filho é deficiente. Mas ela não consegue ver isso. Reconhecê-lo seria enfrentar uma dupla culpa: assim como se sentiu culpada da morte de seu primeiro bebê, ela se sentiria culpada da deficiência do segundo. Ora, ela já se sente corroída pela culpa; a seus olhos, foi duas vezes uma mãe ruim: a fusão impossível com o primeiro provocou uma impossibilidade de estabelecer uma fusão com o segundo, como se, não tendo podido carregar o primeiro nos braços, tivesse perdido a capacidade de maternar. Ela mesma diz que, por não ter podido aprender com o primeiro, não soube o que fazer com o segundo. Ficou vazia de filhos, com os braços vazios, sem bebê para abraçar, o que provocou um distúrbio do ajustamento pelo qual se recrimina o tempo todo. Está prisioneira da lembrança de sua primeira gravidez, enganchada a um filho que nunca viu a luz do dia, e esse vínculo mórbido a impede de criar outro. No fundo, o segundo bebê, como o primeiro, também não existe.

Perder um filho é incontestavelmente uma das coisas mais dolorosas que podem acontecer aos pais, porque fazemos filhos justamente para nos prolongarmos e para que um dia eles possam continuar sem nós. O inverso é tão inconcebível que não existe palavra para designar pais enlutados – as crianças são órfãs, mas os pais não têm nome. Quando estão esperando um filho, todos os pais – tanto os pais como as mães – sonham com um filho imaginário, filho que queriam ter sido, objeto de seu desejo e de seus temores, conscientes e inconscientes. Quando a criança nasce, são confrontados com o filho real, sempre diferente daquele de seus sonhos, ainda que, durante um tempo, continuem a projetar nele as qualidades atribuídas ao filho imaginário, antes de aceitar o filho real pelo que ele é.

A mãe de Antoine nunca pôde fazer o luto de seu filho imaginário, que nunca se encarnou e cuja lembrança tão vivaz ainda a impede de ver o filho real e vivo. Recusa-se a perceber a deficiência intelectual dele porque o imaginário é tão forte, está tão enraizado nela, que encobre a deficiência do real. A lembrança de sua primeira gravidez obtura qualquer possibilidade de interpretação. Ela está em um luto impossível.

7. A(s) lembrança(s) e o esquecimento

A lembrança, tal como o esquecimento, serve para encobrir a perda. Por vezes, é necessário esquecer, sem o que se entra numa neurose obsessiva grave e na impossibilidade de viver o presente. Mas também é preciso lembrar, senão perdemos a nós mesmos.

A memória, que percorre redes neurológicas complexas, é função do psiquismo, e ninguém pode predizer o que irá lembrar. À medida que a vida avança, a memória de fixação perde vigor e a memória de evocação ganha força. Por isso se cai na nostalgia, repassando um passado cada vez mais idealizado e que se materializa graças a objetos que conservamos para nos ajudar a amenizar a dor das separações.

As lembranças, objetos transicionais

Dentre todos os heróis da minha infância, há um que ocupa um lugar especial: Pena Branca. Pena Branca estava em todos os combates, em todas as emboscadas, em todos os devaneios, em todas as brincadeiras. Sempre que eu estava em dificuldades, Pena Branca aparecia e tudo se resolvia. Ele negociava, moderava, ordenava e conseguia solucionar as situações mais escabrosas. Pena Branca possuía todas as qualidades e todas as virtudes, mas, ingrato, acabei por abandoná-lo.

Muitos anos depois, participando de uma atividade de formação de diretores de colégio, encontrei Yves, amigo de infância. Ele também conhecia Pena Branca e naquele dia me confessou que agora era ele quem o possuía. Pois Pena Branca é um brinquedo, um índio valente, o único no meio de um grupo de caubóis que conseguia se fazer respeitar. Foi o companheiro ideal de uma parte de minha meninice em Toulon, antes de eu arrumar minhas malas com outros tesouros e acabar esquecendo dele. Yves não tinha esquecido dele e não largava o olho da velha mala onde sabia que ele estava. Para agradá-lo e também para ganhar um pouco mais de espaço no nosso minúsculo apartamento, minha mãe lhe dera o índio, destituindo-me de Pena Branca.

Por mais ridículo que isso possa parecer, fiquei com (um pouco) de raiva de Yves e tive de me controlar para não suplicar que ele me devolvesse Pena Branca imediatamente. Porque ele era uma lembrança de minha infância, essa infância de que todos temos tanta dificuldade de nos separar. Aliás, será que alguma vez a abandonamos totalmente?

Sabe-se que, para a criança, a brincadeira é uma atividade séria por excelência. Quando uma criança não brinca, é legítimo preocupar-se com sua saúde mental. Brincar é quase uma obrigação, porque a brincadeira vem preencher a ansiedade da separação e do isolamento, que sempre oprime a criança. Boa parte das brincadeiras põe em cena situações de perda e de separação. Freud mostrou isso ao observar seu neto brincando com um carretel ao qual estava atado um fio. O menino atirava o carretel gritando "Dooo", no que seu avô escutava a expressão *"Fort"* ("longe" em alemão), e depois o atraía para si puxando o fio e saudando seu reaparecimento com um *"Da"* que pode ser entendido como "aqui". Para Freud, a criança imitava assim o desaparecimento de sua mãe, sempre seguido de sua volta, mas, graças à brincadeira, ela não se contentava em sofrê-la e se tornava ator da separação, que assim controlava. Os pais que, diante de seu bebê, escondem o rosto por trás das mãos e depois, retirando-as, dizem: "Achou!", nada mais fazem senão familiarizar o filho com suas ausências, e essa seqüência de aparecimentos e desaparecimentos prefigura parte do que será sua existência.

Não é por acaso que a criança adora se esconder, fingir-se de morta. Ah, a brincadeira de esconde-esconde! Sentir o arrepio de desaparecer, de poder ficar sozinho... Que alegria quando aquele que procura a criança passa perto sem vê-la! É o auge da brincadeira, um momento de felicidade inesquecível. Contudo, se tarda em ser achada, se o desaparecimento se prolonga, a criança é tomada de angústia. A separação, sim, contanto que seja provisória e sempre seguida de reencontros.

Aparecimento, desaparecimento... Será que alguns de nossos vínculos não seguem esse ritmo? A gente se vê, deixa de se ver, mas sabe que está por aí, e a ausência do outro é mais bem suportada quando sabemos que podemos encontrá-lo quando quisermos.

A brincadeira que ensina a domar a ausência é também um fantástico separador entre mãe e filho. Pouco a pouco, este vai começar a brincar sozinho ou com outras crianças de sua idade, com as quais compartilha um mesmo universo, e as brincadeiras vão se diferenciando à medida que se desenvolve.

Pena Branca era, portanto, um brinquedo socializado e as brincadeiras de que eu o fazia participar tornavam possível para mim pôr em cena o mundo que queria criar. O índio tinha o imenso mérito de estar sempre presente quando eu precisava dele, mas já não servia para domesticar a ausência; era antes um objeto de segurança, uma presença indefectível no movimento da vida. É sem dúvida por isso que nos apegamos mais a uns brinquedos do que a outros. Durante um tempo, esses brinquedos preferidos vão constituir uma referência, uma permanência; contudo, tais como os outros, são feitos para serem largados, abandonados. A separação na maioria das vezes se faz sem sofrimento, "por cansaço do jogo" (no sentido em que se diz "cansado de guerra"), porque não se precisa mais dela, porque já se pode passar para outra coisa, outros jogos e outras descobertas. Mas tem de ser a criança quem decide abandonar seu brinquedo. Se porventura são os pais que se desvencilham dele, alegando que já não é um brinquedo para a sua idade, despojam-na e lhe impõem uma separação arbitrária e inútil para a qual ainda não está pronta. Em vez de estimulá-la a crescer, confrontam-na com uma perda dolorosa. Por não ter decidido por si mesma, a criança não é proprietária dela e é condenada a sofrê-la.

Por alguns anos, Pena Branca foi para mim um ser perfeito que eu ornava de todas as qualidades, prefigurando o que seria mais tarde o melhor amigo da adolescência. Ele era o herói que não me tornei.

Por que eu tinha tanta vontade de reencontrar Pena Branca que eu acreditava ter esquecido? Para reencontrar uma marca de minha infância, tanto mais preciosa por eu já não pensar mais nela e, com a distância, poder aumentá-la. Mais que um vestígio de memória, o brinquedo representava uma lembrança concreta, tangível. O passado é um conceito que às vezes precisamos materializar, e a memória não é apenas pensamento, ela precisa do orgânico, do físico, do material. Percorre certos circuitos neurológicos e, para ativá-los, às vezes é bom ter suportes – uma pedra, uma jóia, um pedaço de papel, uma flor seca, uma foto... Todos esses pequenos objetos, as quinquilharias a que nos apegamos porque representam um momento especial de nossa vida. Mas, à maneira de Magritte, poder-se-ia dizer que a pedra não é uma pedra, assim como o anel não é um anel nem a flor é uma flor... São bem mais que isso: um vínculo com instantes felizes cuja marca queremos conservar, como que para provar que não sonhamos. O que conta não é o objeto, é o momento do qual ele é o representante material. Ele só tem interesse para aquele que o conserva, a fim de retomar um pouco de sua vida passada, feliz ou infeliz.

Quando saí da casa de minha infância, arranquei um pedaço de lajota que tenho até hoje. Mais tarde, guardei o capô de meu primeiro carro, um Simca 1000, assim como conservei um pulôver tricotado por minha mãe, Louise, que visto quando navego. Um pulôver que já perdeu toda forma, que pinica um pouco, mas que faço questão de vestir direto sobre a pele, como que para reencontrar um contato arcaico, e que não jogaria fora por nada neste mundo. Se, porventura, ele desfiasse, eu cortaria uns pedacinhos de lã que colocaria na minha carteira. Todas essas coisas não têm nenhum valor mercantil, mas seu valor afetivo – valor simbólico também, por certo – é tamanho que não quero me separar delas. Talvez não possa. Para que me amputar mais ainda? Sempre olho com espanto os maníacos pela ordem e pela limpeza com que, regularmente, fazem a triagem de suas tralhas, das quais se livram, esses furacões que confiam apenas na própria memória para se lembrar. Eu gosto das poeiras dançando nos raios de luz, dos riscos nos móveis, da tinta descascando na parede... imperfeições que dão conta da vida, assim como os objetos que me ligam aos que perdi são todos referências de que necessito.

    Não sou o único. Somos todos Pequenos Polegares, mas, em vez de soltar pedrinhas no nosso caminho, nós as juntamos, sempre com o intuito de achar o caminho de volta. E, embora saibamos que nunca percorreremos o caminho no sentido contrário, ficamos felizes de que elas estejam lá. Cada objeto representa, a seu modo, uma perda, ou, mais precisamente, uma tentativa de preencher a perda. Colocadas lado a lado, como as pedrinhas, essas perdas sucessivas acabam desenhando a continuidade de uma vida. Esses objetos são uma prova de nossa existência, um meio de reencontrar nosso passado, para melhor nos projetar rumo ao futuro. A venda de objetos usados, seja ela feita por profissionais ou particulares, compõe cemitérios tristes de lembranças abandonadas, objetos órfãos de que o comprador se apropria, com a responsabilidade de lhe inventar uma segunda vida, uma segunda história, enquanto cria a sua própria.

    Entre eles, alguns às vezes têm mais valor que outros: são os presentes. Existe algum remédio melhor contra a separação e o esquecimento? Não acredito em presente gratuito; por trás da vontade reivindicada de agradar o outro, busca-se sobretudo deixar uma marca; "Pense em mim", "lembre-se daquele instante", "Ligo você a mim, ligo-me a você", murmura o presente. Ele é um vínculo, uma fusão, um pedaço de si que se dá ao outro na esperança de que ele não se separará dele, garantia de que ele não nos esquecerá nunca totalmente. O presente, mas também todas as pequenas coisas que guardamos como preciosidades, funcionam como objetos transicionais: mantêm uma presença que nos ajuda a suportar a separação e nos preserva do esquecimento.

    São também um meio de deixar uma marca de nós para aqueles que sobreviverão a nós. Alguns namorados marcam suas iniciais no tronco da árvore sob a qual se beijaram, e os mais românticos voltarão a passar sob a árvore, anos depois, para verificar se as iniciais ainda estão ali, testemunhas de um amor perdido ou que perdura e cujo perfume embriagante dos primeiros tempos eles reencontram desse modo. Existem aqueles que picham o nome nos vidros do trem ou num muro da cidade como prova de que existem, de que tomaram tal caminho em tal momento, que talvez represente para eles um momento especial... Essas marcas são todas maneiras de não se separar, de si, dos outros, de um instante de que se gostou.

Já antes de nascer, o bebê recebe presentes, alguns dos quais vão enfeitar seu berço. Entre todos esses brinquedos, logo escolherá um que todo o mundo designará com o nome de "paninho". É o que Winnicott chamava de objeto transicional. Nas primeiras semanas, o recém-nascido, todo ele confundido com a mãe, não se percebe diferente dela, a ponto, poder-se-ia dizer, de ter a sensação de ele mesmo fabricar o leite que ela lhe dá. Antes de conseguir reconhecer a existência de uma realidade externa, distinta de sua realidade interna, passa pelo que Winnicott chama de um "espaço transicional", que é uma área intermediária de experiências entre essas duas realidades, "entre o subjetivo e o que é objetivamente percebido".

O objeto transicional é uma manifestação concreta desse espaço e nos ajuda a entendê-lo melhor: não faz parte do bebê, mas este ainda não o reconhece como uma realidade exterior. Não é um objeto interno, é uma posse. No entanto, tampouco é um objeto externo. Winnicott fala de "objeto não-eu", que a criança vai integrando pouco a pouco a seu esquema corporal. Simboliza um objeto parcial, o seio por exemplo, mas tem uma existência efetiva. O objeto transicional tem por função representar a passagem entre a mãe e o meio, estabelecer a continuidade ameaçada pela separação da mãe. Consolador e calmante, ele é inseparável da criança, que tem todos os direitos sobre ele. Gosta dele, acaricia-o, maltrata-o ou o mutila, mas o paninho sobrevive a todos os impulsos agressivos. Em contrapartida, o meio não tem nenhum direito sobre ele, sobretudo o direito de lavá-lo, de remendá-lo ou mudá-lo, pois o paninho precisa ter uma permanência. A criança o abandonará gradualmente, pois os "fenômenos transicionais vão se tornando difusos e se espalham na zona intermediária que se situa entre a realidade psíquica interna e o mundo externo", ou seja, o território da comunicação e da cultura, da linguagem e da brincadeira. O objeto se situa entre a projeção narcísica e a relação objetal: é simultaneamente a própria criança e o outro.

Todas as crianças têm um objeto transicional, pois todas as mães sabem da importância de dar a elas um objeto que as ajude a lutar contra a angústia de separação. E, quando os filhos esquecem seu paninho, as mães o guardam de lembrança, para que eles possam reconstruir seu passado e se apropriar dele uma vez que não têm memória dele.

De fato, de seus primeiros anos a criança não se lembra. Antes dos 2, 3 anos, idade da aquisição da linguagem, ela não tem lembrança consciente: carece da capacidade de abstração necessária e das representações mentais e visuais que tornam possível a construção em forma de pensamento. Desse período, a criança conservará sem dúvida traços mnêmicos, que no entanto não são representáveis na forma de imagens. Regra geral, temos poucas lembranças de antes dos 6 anos porque, até essa idade, e particularmente entre 3 e 6 anos, período do complexo de Édipo, toda a vida da criança está impregnada de sexualidade infantil, de sensualidade, de desejos incestuosos. Na saída da fase edipiana, a criança, para crescer harmoniosamente, vai recalcar todas essas lembranças maculadas pela proibição, que seriam insuportáveis e provocariam culpa. Foi o que Freud designou pelo nome de amnésia infantil, cujo papel é preservar o equilíbrio psíquico do sujeito. No entanto, de seus primeiros anos a criança conservará "lembranças encobridoras", muitas vezes insignificantes, às vezes inventadas: elas a protegem do essencial, que foi recalcado e só poderá ser recuperado através de um trabalho psicanalítico.

As famílias aparecem então como fábricas de lembranças, entre as quais a criança escolhe algumas para inventar sua vida.

O esquecimento é necessário: filtra o passado e ajuda a eliminar o que é doloroso demais, poupando-nos de ruminá-lo incessantemente. Mas a lembrança é igualmente necessária, porque possibilita um arraigamento no passado e evidencia uma continuidade existencial. Porque não somos puros espíritos, e sim seres feitos de carne, precisamos dos objetos que encarnem uma realidade que já não existe e que testemunhem o que fomos ou o que acreditamos ter sido.

Nosso "canto do mundo"

Quando a conheci, Elisabeth tinha 7 anos e estava muito angustiada. Só se sentia segura em casa, no apartamento da família, que tinha, dizia ela, um porão e um sótão que a seus olhos eram de grande importância. Sempre que os evocava, eu a corrigia, com argumentos racionais: "Os prédios não têm sótão. Porões, pode até ser..." e a cada vez ela se irritava com as dúvidas que eu expressava sobre a veracidade de sua descrição: "Não é assim. Na minha casa tem um porão e um sótão!" A terapia terminou sem que eu tivesse desvendado o mistério.

Muitos anos depois, o pai de Elisabeth me convidou para jantar, o que aceitei, uma vez que já fazia tempo que não atendia mais sua filha. Contive-me o quanto pude e depois lhe perguntei se concordava em me mostrar seu porão e seu sótão. Ela deu risada ao ver que eu me lembrava desse detalhe e me conduziu ao seu quarto. Com um gesto, apontou uma gaveta debaixo da cama – "Aqui está meu porão" – e a abriu, revelando cadernos com as pontas amassadas, bilhetes rasgados, sapatos desemparelhados... Em seguida, pegou uma caixa numa estante alta – "E isso é meu sótão" – onde enfiara um galho de mimosa, lembrança de seu primeiro namoradinho da 1ª série, e outras lembranças preciosas para ela. Com muita sabedoria, Elisabeth conseguia abandonar as coisas sem deixar de guardá-las.

A casa é um "grande berço", nosso "primeiro universo", nosso "canto do mundo", como dizia de modo tão apropriado Gaston Bachelard[1], que propunha fazer dele uma topoanálise, estudo psicológico dos sítios de nossa vida íntima. No porão, "ser obscuro da casa", subterrâneo, sombrio, amontoam-se os segredos, as coisas que escondemos pensando que poderão voltar a nos ser úteis um dia. Nunca descemos até ele sem certa apreensão, embora subamos com prazer ao sótão, perto do céu, ali onde conservamos as lembranças gloriosas, tanto as dos ancestrais como as nossas. O porão abriga os mistérios, mais ou menos inquietantes, o sótão protege os tesouros. Assim, entre seu porão e seu sótão, Elisabeth tinha distribuído os bons e os maus momentos de sua vida.

Com suas fundações indispensáveis, sua verticalidade, seu telhado que se eleva para a luz, a casa evoca então a construção de si. Entre o porão (as origens) e o sótão (os sonhos, as aspirações) habita o sujeito, o eu. A casa é um espaço protegido onde os pensamentos ricocheteiam nas paredes antes de voltar para nós, criando um vaivém entre interioridade e exterioridade. Entre as paredes da nossa casa, às vezes estamos sós, às vezes acompanhados. Mas estamos sempre em casa. E, assim como habitamos nossa casa, devemos poder nos habitar.

Muitos de nós conservam a saudade de uma casa da infância, muitas vezes casa de férias familiares, da qual todos os anos partíamos a contragosto, contando os dias até as férias seguintes que soariam a hora do reencontro com o que era nosso "canto do mundo". Com algumas casas e alguns lugares criamos laços tão fortes que pode parecer difícil nos desprendermos deles, como se temêssemos nos desprender de uma parte de nós.

....

1. *La poétique de l'espace*, PUF. (Trad. bras.: *A poética do espaço*, São Paulo, Martins Fontes, 2000].

É uma mulher um pouco triste, desconcertada com o filho de 14 anos que levantou a mão para ela. Teve esse filho com um homem casado que prometera deixar a família para viver com ela e o filho deles, mas que não manteve sua palavra. Ela nasceu na Itália e conheço a cidade de onde ela vem, uma das cidades mais belas do mundo. Ainda possui ali a casa onde passou toda a infância, além de alguns terrenos. Saiu da cidade pouco depois do nascimento do filho e diz nunca ter retornado. Quando lhe sugiro que volte apesar de tudo, nem que apenas para que o filho possa saber de onde vem e talvez conhecer o pai, ela resiste: está acima de suas forças, não pode rever sua cidade e, muito menos, sua casa, atualmente vazia.

Aquela cidade tão bonita perdeu para ela todo o encanto desde a morte de seu pai, ocorrida alguns anos antes, e ela não agüentaria ficar sozinha naquela casa deserta. Como se a cidade e a casa estivessem assombradas pelo fantasma do pai e ela temesse reencontrar lembranças que o fariam reviver. Voltar àqueles lugares seria voltar para perto do pai, quase que com o pai – como a morte de um pai ou mãe sempre nos faz regredir, seja qual for a idade em que ocorre, aparece uma bela problemática edipiana –, com o risco de anular um pouco mais o homem com quem teve o filho. Lá ela foi feliz, criança, entre o pai, a mãe e a irmã, e não quer ser infeliz, sozinha com o filho. A felicidade dessas lembranças de infância tornaria ainda mais cruel o que considera como sendo um fracasso, sua incapacidade para fundar uma família feliz. Foge das lembranças que a assombram, ficando na saudade de um passado que idealiza e se recusa a revisitar. Não pode nem vender a casa nem morar nela, nem mesmo durante as férias, porque aquela casa representa todos os seus sonhos de infância, sonhos de um futuro que não cumpriu suas promessas.

A casa aparece como objeto transicional continente, onde as lembranças são ainda mais sólidas por estarem espacializadas e como que imóveis. Como todo objeto transicional, contudo, tem de ser um objeto que transmita segurança, que poderemos abandonar um dia sem por isso repudiar o passado. Conservaremos sua lembrança, às vezes o esqueceremos e, ao reencontrá-lo, nos entregaremos à saudade e ao prazer da evocação. A pessoa só se desprende realmente de seu passado quando pode reencontrá-lo sem medo de ser tragada por ele.

Abandonar um lugar, uma casa, é também poder voltar a ele.

8. Separar-se da própria infância

A adolescência é um período singular de ruptura com o passado, a infância e os pais. Contudo, a vulnerabilidade própria dessa idade vem exacerbar as fragilidades preexistentes e reativa todas as separações anteriores. No entanto, é imprescindível que o adolescente se separe dos pais para conquistar e conseguir reconhecer seus desejos próprios. O apego ao primeiro objeto de amor se transforma e dá lugar a novos investimentos afetivos e amorosos.

A arte da fuga

Desde os 12 anos, Sara foge regularmente. Fugas de alguns meses, durante os quais vive todo tipo de experiências difíceis: foi seqüestrada, estuprada, surrada, despojada de suas roupas, interpelada etc. Em cada fuga, ela se põe em perigo e deixa uma parte de si. Mas Sara sempre acaba voltando para a casa dos pais, contando suas histórias sem exprimir nenhuma dor ou arrependimento especiais.

Atendo inicialmente os pais, que não agüentam mais. A mãe, arrasada, teme pela filha e já não suporta as semanas de preocupação perguntando-se onde ela estará e que outro perigo estará correndo. O pai aperta a minha mão, como se pudesse, através de mim, assegurar-se da presença da filha, e ele repete com ar triste: "Bom, bom", sem que eu saiba se é a mim que ele se dirige, a si mesmo para se reconfortar ou talvez à filha, para acalmá-la, convencê-la a ficar quieta.

Num primeiro momento, nada posso fazer por eles exceto lhes prometer que estou disposto a receber a filha deles quando ela aparecer. Um dia, Sara aparece no consultório. Descreve momentos de perda de si, durante os quais não consegue resistir: tem de ir embora, é mais forte que ela. Ela sem dúvida está nessa idade da adolescência em que é preciso se separar dos pais, mas nela a separação nem está mentalizada, é física, responde a uma necessidade de distanciamento real e não simbólico. O que é ainda mais estranho é que essa separação irresistível não lhe dá nenhum prazer; sofre de fome, frio, da dureza de sua existência errática, mas a cada vez vai embora, movida por uma necessidade imperiosa.

Proponho interná-la para fazer uma avaliação completa e também para contê-la um pouco e talvez impedi-la de ir embora de novo. Os vários testes e exames não revelam nenhum distúrbio de personalidade; não se consegue estabelecer um diagnóstico psiquiátrico. Sara não precisa nem de remédios nem de internação. Para separá-la dos pais de quem foge de qualquer modo, sugiro colocá-la numa república. Paralelamente, ela inicia uma terapia... mas foge de novo, antes de voltar uma segunda vez. Pouco a pouco, sem que se entenda muito bem por quê, sua necessidade de fugir desaparece e a viagem substitui a fuga. Em vez de ir para qualquer lugar, ela decide ir para algum lugar, ainda que essas viagens continuem respondendo a um impulso que ela não consegue explicar. Nas suas voltas, fala da Itália, da Grécia, ao passo que antes falava de bares, porões, ruas, estações etc. Os países substituem os lugares, sua fuga se torna turística, quase organizada.

Um dia em que eu tinha de ir dar um curso sobre as fugas na adolescência, propus que viesse comigo à faculdade de medicina e a apresentei como especialista no assunto. Quando um estudante lhe perguntou por que sentia aquela necessidade de ir embora, deu a seguinte resposta magnífica: "Na fuga, o que é difícil não é ir embora, é voltar." Difícil para ela não eram a ruptura e a separação, mas o reencontro, a volta à rotina que a sufocava.

Nessa história, não tratei de Sara, meu papel se limitou a agüentar firme. Primeiro com os pais: eu era o referente da infelicidade deles, o depositário de seus medos ante as ausências da filha e os perigos a que ela se expunha. Depois, com Sara, compartilhando com ela o mistério de seu desfuncionamento.

Quando fugia, ela às vezes me ligava para me avisar de sua partida, mas enquanto eu lhe perguntava onde estava e para onde ia ela já havia desligado. Tinha apenas a necessidade de partilhar comigo esse segredo que a superava.

Hoje, mãe de família sem maiores problemas, empregada de um supermercado, Sara me disse um dia: "No fim, nunca encontrei nada indo embora." Que buscava ela? Ela ainda não sabe e tampouco eu, aliás. A necessidade de fugir que se impunha a ela lembra um comportamento aditivo: a adolescente passava ao ato, movida apenas pela impulsividade e por uma necessidade visceral de ruptura não mentalizada. Cada vez que ia embora, ia bem, acreditando zerar sua vida, mas cada vez voltava decepcionada por não ter encontrado o que buscava e que sempre se furtava a ela. Sara era uma adolescente dando no pé, sem saber do que fugia. Ela sem dúvida estava se separando do presente, de sua incapacidade de viver, tentando recriar um outro, em outro lugar.

O adolescente vive num eterno presente. Quando criança, costumava dizer: "Quando eu crescer." Agora não diz mais isso, parece ter esquecido que o futuro existe. Está rompido com o passado, mas também com o futuro, o que sem dúvida explica sua grande fragilidade. Passa por uma fase de presentificação permanente, de imediatez: pode fazer tudo ao mesmo tempo – com os fones do i-pod no ouvido, navega na internet enquanto dá uma olhada no livro de história e berra com o irmãozinho que acabou de roubar um gibi seu. Quer tudo, imediatamente, e repete o tempo todo os mesmos gestos, as mesmas atitudes, as mesmas palavras, porque esse recomeço perpétuo o recoloca no presente e lhe possibilita marcar seu território a fim de se assegurar de sua existência.

O que caracteriza o adolescente é sua recusa de ainda ser criança. Esse "ser criança" comporta uma relação de confiança e de idealização dos pais que já não é possível porque já não é conforme ao seu presente. Por isso o adolescente nada mais pode senão se separar dos pais: a presença deles evoca um passado que ele quer esquecer. Os pais são até mesmo um passado vivo, invasivo, um passado envelhecendo que o adolescente já não quer, porque não quer continuar sendo o bebê que era. Já não funciona com o pensamento mágico que consiste em crer que os pais são perfeitos e eternos e que ele os preenche. O adolescente entende que ele não é o filho com que seus pais sonharam, assim como eles tampouco são os pais com que ele sonhou. Em parte é essa dupla desilusão que ele exprime por seu comportamento de provocação e de rebelião.

A que se resume o papel dos pais na adolescência de seus filhos? A "sobreviver", como recomendava Winnicott. A resistir sem se sentirem sempre atacados, a considerar a rebelião do filho necessária, não como marca de desamor, mas como necessidade vital de ganhar espaço. Mais que nunca, os pais têm de saber ser discretos. Presentes, mas discretos. Respeitar os silêncios do adolescente, não lhe pedir sempre para falar, para contar o que está acontecendo, porque ele precisa construir sua vida e suas idéias sem eles. Suportar que o adolescente esqueça seu passado e ainda não tenha futuro. E não fazer nada para tentar reduzir a distância que ele instaura. Ele precisa se distinguir, se demarcar, por todos os meios. Se ele inventa um linguajar, não é apenas para se tornar incompreensível, mas sobretudo para cortar relações com sua língua materna. Se veste roupas extravagantes, é para se mostrar diferente dos adultos em geral e de seus pais em particular. Podem-se então imaginar os danos causados pela mania de muitos adultos que querem parecer jovens pretendendo apagar as diferenças entre gerações que no entanto são essenciais. Quanto mais o adulto tenta se parecer com um adolescente, adotando sua vestimenta e seu linguajar, mais o adolescente sentirá necessidade de se distinguir dele aumentando a singularidade e a provocação – trata-se, para ele, de uma necessidade absoluta. O adolescente rejeita os pais ao mesmo tempo que os busca – o que ele traduz grunhindo: "Pára de querer saber onde estou!" – e ele tem de poder encontrá-los, mas no lugar deles de pais.

Quando se sai da adolescência? Quando o presente permanente, a instantaneidade começa a deixar marcas, até se tornar um passado próximo que nos pertence enquanto o passado da infância pertence aos pais. Por termos lembranças podemos então nos separar da própria adolescência e nos voltarmos de novo para o futuro. Crescer é ter menos medo do amanhã. Quando se é criança, tem-se medo da novidade, precisa-se de hábitos, rituais, repetições – todas estas, coisas que dão segurança. Depois, na adolescência, tem-se medo do futuro como se fosse algo não controlável. E o adolescente quer controlar tudo: seu corpo, seu visual, seu pensamento, seus relacionamentos etc. Depois de renunciar a esse controle permanente, pode pensar no futuro sem viver no medo eterno da parcela de desconhecido que ele sempre reserva e que não controlamos.

A fuga exprime uma vontade de perda, é como uma amputação do próprio passado, da própria origem. Que será que acontece com aqueles que todos os anos desaparecem e não são encontrados, que saem para buscar uma caixa de fósforos e não voltam nunca mais? Pode-se imaginar que alguns sejam psiquicamente doentes e vagam sem rumo para fugir um pouco mais da realidade que já lhes escapa. Outros certamente vão embora na esperança de conseguir realizar em outro lugar o que acreditam não ter conseguido fazer até então. Se os encontrássemos, talvez nos surpreendêssemos ao constatar que muitos recriaram o que tinham abandonado e que os apanhou de novo a despeito deles mesmos. Será que existem fugas bem-sucedidas? As partidas intempestivas que obedecem a um impulso irracional certamente condenam à decepção porque não é possível se separar de si mesmo.

Contudo, existem outras fugas que são conquistas. Quando se entregam aos devaneios que os protegem do mundo, quando vão perambulando pelo caminho que leva à escola e mudam o percurso determinado pelos pais, quando voltam para casa duas horas depois da hora combinada, todas as crianças e adolescentes são fugitivos ocasionais, que se oferecem belas escapadas, pedaços de liberdade durante os quais se emancipam da coerção pelo simples prazer de fazer o que têm vontade e de se achar donos da própria vida. Essas fugas são um sinal de saúde psíquica porque exprimem um legítimo desejo de autonomia.

Os amigos e os amores

É uma jovem adolescente bastante sem graça. Tão sem graça quanto sua mãe é bonita. A mãe divorciada me diz: "De noite, ela dorme encostada em mim, gruda em mim, não suporto mais isso, ela está grande demais, não agüento mais." Isso vem acontecendo desde que ela se separou do marido. Ela tem outra filha, que não lhe cria problemas, mas com Sandrine tudo é complicado. A adolescente sofre de uma tremenda perturbação de sua auto-imagem, se acha feia, tem poucos amigos e se agarra à mãe, sem que isso a acalme, porém. Nas paredes de seu quarto pregou fotos de estrelas, mas, curiosamente, ela não é muito moderna nas suas escolhas, adorando vedetes do passado que poderiam ter sido aquelas de que sua mãe ou até sua avó gostavam na mesma idade.

Todos os adolescentes têm ídolos que são modelos identificatórios e vão ajudá-los a se construir ganhando ao mesmo tempo distância dos modelos parentais. Para Sandrine, esses ídolos são mais um modo de se identificar com a mãe, ícone a quem pede para ser bonita no seu lugar como se, através dela, pudesse por fim se aceitar e começar a viver. Contudo, por sua escolha nostálgica, Sandrine permanece acorrentada a um passado que não lhe pertence e a impede de avançar.

Consegue contudo se afeiçoar a uma garota que rapidamente se torna sua melhor amiga, ainda que o relacionamento delas seja complicado. Possessiva e autoritária, Sandrine não suporta que sua amiga tenha outros amigos e amigas, e, no colégio, censura-a por falar ou sorrir para outra pessoa. Sempre que não se sente o único objeto de atenção, faz uma cena. Será depois de uma dessas brigas que a amiga, cansada, irá se afastar definitivamente: Sandrine tinha ficado com ciúmes porque ela ia sair quinze dias de férias com os pais sem levá-la junto. Pouco tempo depois do que se pode apropriadamente chamar de rompimento, Sandrine se suicidou, incapaz de sobreviver à perda dessa melhor amiga e do que esta representava para ela.

O adolescente atravessa um período de incertezas, interrogações e dúvidas, dúvidas sobre si mesmo em primeiro lugar. Busca uma imagem de si satisfatória, capaz de lhe proporcionar sustentação narcísica. Encontra essa imagem no personagem, central nessa idade, do melhor amigo ou da melhor amiga, alguém em quem projeta o conjunto das qualidades ideais imaginárias que gostaria de possuir. Por isso o melhor amigo nunca tem defeitos, é um ser perfeito que também nos acha perfeitos porque também projeta em nós todas as qualidades de que gostaria de ser dotado. "Porque era ele, porque era eu", dizia Montaigne a respeito de seu amigo La Boétie, e na frase se escuta também outro significado: ele sou eu, eu como me imagino que poderia ser. O verdadeiro melhor amigo é, afinal de contas, si mesmo, sendo o outro apenas um substituto, um esqueleto que animamos e vestimos com nossas idéias, desejos de conquista, audácia e imaginário.

Por não ser possível separar-se de si, os melhores amigos da adolescência são como os inseparáveis, aqueles pássaros que só podem ser criados em dupla. Na saída do colégio, o primeiro acompanha o segundo até sua casa e depois, como não têm vontade de se separar, o segundo decide acompanhar o primeiro até a casa dele e assim por diante... até que um fica na casa do outro um tempinho ou até passa a tarde lá. Nem bem se separam, eles se telefonam, pelo prazer de se escutarem, mas também porque ambos estão na idade de presentificação permanente e precisam dizer as coisas no momento em que as vivem e sentem, antes de esquecê-las. Há uma intensidade quase amorosa na relação de dois melhores amigos na adolescência: precisam se ver o tempo todo, se falar, fazer coisas juntos, partilhar as idéias e os sonhos.

Por aparecer como instrumento de conquista de si, o melhor amigo também funciona como terceiro separador em relação aos pais. De modo um tanto paradoxal, o adolescente se desliga da família e, ao mesmo tempo, se liga à do melhor amigo, que se torna família de comparação e de referência, para o bem e para o mal, sinal de que apesar de tudo precisa de uma família.

O melhor amigo funciona como revelador das qualidades próprias do adolescente. Depois de estarmos suficientemente construídos, seguros de nós mesmos e de nossas próprias qualidades, depois também de termos condições de reconhecer em nós alguns defeitos, deveríamos abandonar o melhor amigo pela simples razão de não precisar mais dele.

Existem pessoas que conservam o mesmo amigo a vida toda, como se fosse uma relação escolhida com um irmão "do coração" que não teria sido imposta pelo biológico. Creio contudo que, em termos ideais, a vida deveria separar num determinado momento os melhores amigos para que eles nunca percebam o engodo que um representava para o outro e continuem acreditando que o que tinham imaginado era verdade.

Esse sentimento de perda talvez seja em parte irremediável. Durante a vida toda, algumas pessoas terão melhores amigos sucessivos, através dos quais provavelmente buscarão aquela incrível cumplicidade que os unia a seu amigo da mocidade. Será que conseguem? Os amigos da adolescência são uma aposta num futuro que cremos glorioso e que nem sempre o será, a esperança de uma vida que sonhamos ideal e heróica. Contudo, sonha-se menos depois de grande, motivo pelo qual não se encontra a mesma intensidade mais tarde; o melhor amigo tem então menos razão de ser. Será por isso que no fim da vida é tão difícil estabelecer laços? Quando o futuro se reduz, ele oferece menos perspectivas e sonhos de grandeza e a auto-imagem já não é forte o suficiente para ser projetada num outro.

Para ter um melhor amigo também é preciso ter uma dose suficiente de narcisismo, gostar bastante de si para projetar no outro as qualidades que atribuímos a nós mesmos. Por isso, a ausência de melhor amigo na adolescência traduz uma perturbação da auto-estima. Por não conseguir se projetar na amiga, Sandrine grudou nela como grudava na mãe, para tentar viver através dela. Por isso não suportou o fim do que para ela era uma história de amor exclusivo. Por que essa incapacidade de sobreviver ao rompimento? Incapaz de conquistar uma auto-imagem satisfatória, Sandrine só conseguia viver sonhando essa imagem através da amiga. Quando esta se afastou, Sandrine se sentiu totalmente abandonada, viveu a perda da relação como uma perda de si e, já que ela se perdia, sua vida estava perdida. Isso mostra como é difícil amar o outro quando você não se ama, difícil e arriscado, pois o rompimento ganha então dimensões de demolição de uma imagem vaga e incerta.

Os ciúmes que Sandrine manifestava em relação a sua amiga já traduziam sua impossibilidade de se conquistar. Claro que esse sentimento é quase indissociável do sentimento amoroso, pois serve para pôr em cena uma separação que se teme. O ciúme existe em diferentes graus, mas, no fundo de nós mesmos, sentimos um movimento de simpatia por Otelo quando este mata Desdêmona, sua esposa, porque está convencido de que ela o engana. No seu temor que nada nem ninguém consegue desmentir reconhecemos uma parte do nosso e nos identificamos com ele. Tornamo-nos – nascemos? – ciumentos porque, num determinado momento, confiamos num outro para que ele se torne parte de nós, possibilitando que finalmente nos sintamos completos. Se o outro desvia, se afasta desse sonho de fusão, o ciumento perde o pé, como Otelo. Ter ciúmes é acreditar que se é incompleto sem o outro. Nesse sentido, o ciúme nada mais é que um esplêndido mecanismo de defesa – mecanismo neurótico bem-sucedido – de uma perturbação da confiança em si. Abandonada pela amiga, Sandrine já não tinha motivos para ter ciúmes porque, sem a outra, já não tinha o sentimento da própria existência.

Primeiro amor, primeira dor de amor

Quando estava atravessando uma fase depressiva, marcada por várias escarificações, Anaïs, 16 anos, foi internada por três semanas, lapso de tempo suficiente para expulsar suas idéias negras. Os pais vêm me consultar com ela, temerosos de uma eventual recaída, embora reconheçam que, desde a saída do hospital, sua filha está evidentemente bem melhor. Com meu otimismo natural, digo-lhes que se ela se curou tão rápido foi porque não sofria de depressão ou de uma patologia psíquica grave, o que sinceramente acho.

Anaïs foi uma filha desejada. Seus pais tiveram muita dificuldade para tê-la – quando ela nasceu, o pai tinha 51 anos e a mãe, 47 –, o que faz com que ela represente para eles um verdadeiro milagre. Aos olhos deles, ela é a própria encarnação do filho ideal, sempre perfeita, e eles a consideram a oitava maravilha do mundo.

Pode-se sofrer de amor demais? Pode ser o caso de Anaïs, objeto de expectativas e de desejos excessivos. Sufoca-a ter de sempre se conformar a esse sonho de filho que os pais perseguem, fazendo pesar sobre seus ombros uma pressão de que eles não têm consciência, projetando nela qualidades imaginárias e ignorando as qualidades reais da filha. Esta sonha com autonomia e liberdade, mas teme, ao se afirmar ou se opor, causar tristeza demais aos pais que a amam tanto.

Desse amor ilimitado e cego, Anaïs tira certamente alguns benefícios, entre os quais uma auto-imagem um pouco exacerbada. Isso provoca nela certa tendência à megalomania e à auto-suficiência que, fora da família, não produz o mesmo efeito. A realidade do social e do meio lhe devolve uma imagem menos perfeita que a idealização parental, e essa defasagem acarreta-lhe dificuldades para se situar. Os colegas de escola ou do curso de teatro – atividade que ela adora porque o que está em jogo ali é justamente a imagem – consideram-na, na melhor das hipóteses, uma adolescente igual às outras, na pior, criticam seu ar de superioridade e de princesa ofendida sempre que ela não se sente o centro do mundo, objeto de todas as atenções. Como o demais é inimigo do bom, sua auto-imagem perde os contornos porque não é sua.

Nessa família, todo o mundo é dependente: Anaïs depende dos pais para que eles lhe garantam uma auto-imagem satisfatória; eles dependem dela, pois colocam nela um excesso de desejos, tanto mais por ser filha única.

Todo o trabalho de Anaïs consiste em conquistar uma auto-imagem que lhe pertença e que não seja aquela que seus pais lhe oferecem, a fim de poder afirmar seus próprios desejos. É assim que poderá arrumar o namorado com que sonha e fica desesperada por não encontrar.

Inconscientemente, sem dúvida, Anaïs pressente que apenas uma história de amor lhe possibilitará separar-se dos pais, de forma suave e afetuosa. De fato, uma primeira verdadeira história de amor – não estamos falando de paqueras – representa uma etapa capital na vida do adolescente. Costuma ocorrer entre 15 e 18 anos e dura em média de um a três anos. Geralmente começa com uma paixão à primeira vista, que rompe singularmente com a cronicidade do afeto familiar. De repente, ninguém mais importa além desse outro para o qual tudo nos leva; a única coisa que nos interessa é saber o que ele está fazendo, pensando. Como o melhor amigo, o namorado (a namorada também, claro) é alguém que se parece conosco e a quem atribuímos as qualidades que sonhamos para nós. Ele é um espelho, em suma, e a relação exaltada que une os jovens apaixonados é muitas vezes uma relação egocentrada, pois serve para a construção de si, o que não tira nada de sua intensidade. A pretexto de conquistar o outro, conquistamos a nós mesmos.

Contudo, mais que o primeiro amor, o que conta é a primeira dor de amor. O rompimento é muitas vezes vivido como uma perda de si, ou de um ideal de si, e nos vemos de repente sozinhos quando acreditávamos só existir através do outro – o melhor amigo e depois o namorado. "Se ele me amava era porque eu era amável. Mas, se ele não me ama mais, continuo apesar disso sendo amável?" O trabalho de luto sempre passa por uma fase de depressão e de perda da auto-estima. Agora que o outro já não está presente para mascarar as fragilidades, será preciso aprender a viver por si só.

Por representar o bilhete de entrada na idade adulta, a primeira história de amor é inesquecível, única. Outras se seguirão, que talvez tentem remendar essa primeira ruptura. Serão elas menos egocentradas? Não há nada mais incerto, porque sempre sonhamos em nos apegar a um outro para nos sentirmos completos. Como se no fundo de nós mesmos conservássemos, indelével, a lembrança da fusão primeira, uma espécie de paraíso original, e sonhássemos encontrar um ser que, assim como o primeiro objeto de amor, nos entenda e nos complete o suficiente para nos dar a sensação de existir.

Os pais que abandonamos

Recebo Cyril, 16 anos, em estado de cataclismo psicológico. Com o rosto meio dissimulado sob um boné, mantém-se completamente ensimesmado, fala entre dentes, treme. Nos punhos, notam-se marcas de escarificações. Está tão mal que decidimos interná-lo com urgência. Assim que seu estado melhora de maneira bastante espetacular, a mãe parece desmoronar e ameaça suicidar-se se o filho ficar mais tempo no hospital.

Os pais de Cyril se separaram quando ele tinha apenas um ano. A mãe nunca suportou aquela separação, voltou-se para o filho de quem fez o centro de sua vida: dormia com ele, não saía sem ele, não suportando que tivesse outros interesses, que fosse à casa do pai, ver amigos etc. Chegando à adolescência, Cyril já nem consegue se revoltar e mandar a mãe passear. Submete-se à situação, está cada vez pior, abandona pouco a pouco a escola... Quanto pior ele está, mais a mãe acha que ele precisa dela, mais gruda nele, mais o sufoca. Faz pensar numa namorada assustada com a idéia de uma separação que a privaria de parte de si mesma e de sua razão de ser.

Quando é que nos curamos de uma dor de amor? Quando encontramos outra pessoa, um novo objeto de investimento, uma nova idealização, um novo vínculo, mesmo que seja acessório. É o único meio de resolver, de passar para outra coisa, de domesticar o rompimento. Essa mulher, que nunca refez a vida, que nunca teve nem mesmo aventuras passageiras, fez do filho o único objeto de investimento, depositando nele toda a sua dor, desespero, necessidade de amor. Vive com ele numa forma exacerbada de fusão que mostra claramente que, quando a pessoa não consegue se separar, ela fica mal.

Depois de algumas semanas de internação, Cyril parece ter entendido que pode melhorar longe da mãe. Quando lhe digo: "Depois da sua alta, você vai ter de continuar bem, se afastar da sua mãe, mas sem que ela se sinta abandonada", ele responde, como se já tivesse pensado em tudo: "Acho que vou morar com meu tio. Assim, poderei ver meus dois pais quando tiver vontade..."

As escarificações constituem um fenômeno bastante novo, quase na moda entre os adolescentes, com uma incidência quase epidêmica. Como se os adolescentes de hoje tivessem necessidade de se machucar porque a vida deles é fácil demais e os pais deles se dão bem demais com eles. Parecem buscar a dor para se conquistar, se afirmar e compreender seus corpos, que se transformam e dos quais tentam se apropriar por meio das escarificações, mas também das tatuagens e dos *piercings*. No entanto, enquanto uma tatuagem ou um *piercing* isolado exprimem uma mera vontade de se conformar a um grupo de pares com os quais se compartilham signos de reconhecimento, as escarificações traduzem sempre um mal-estar bastante profundo. Têm a particularidade de primeiro formar feridas úmidas antes de se tornar cicatrizes, simbolizando então a muda: a antiga pele é arrancada para dar lugar a uma pele nova, lisa, uma pele nova que abriga um corpo novo.

Por certo tempo, a escarificação cria uma armadura pútrida entre si e o outro, que desse modo se quer manter a distância. O outro é o namorado ou namorada em potencial, que se espera encontrar mas que se tem igualmente medo de encontrar.

Separar-se da própria infância

Desse ponto de vista, a escarificação poderia exprimir um distúrbio da sexualidade: o corte vem no lugar da carícia e o adolescente torna seu corpo perturbador para evitar muita proximidade com o outro. Mas o outro são também os pais, esses pais de quem é imperioso se desprender. A distância é primeiramente física, a fim de se proteger dos desejos incestuosos reatualizados com a puberdade, já que o acesso à sexualidade ativa torna agora possível a passagem ao ato. É também com essa finalidade inconsciente que o adolescente gosta de estar sujo e hirsuto, para ter certeza de não agradar aos pais. A distância física precede a distância psíquica e afetiva, que demora mais para ser obtida.

Cortar-se por não conseguir cortar um laço para se separar e crescer: a escarificação fala por si só. Marca uma derrota, uma dificuldade, até uma impossibilidade de se separar. É um sucedâneo de separação, simbólico, um apelo que o adolescente lança aos pais: "Ajudem-me a me separar."

É por não conseguir se afastar deles que não pode se relacionar com um outro, e a escarificação vem exprimir uma dupla impossibilidade, a de afrouxar o laço inicial e a de criar novos laços. Mais que uma ruptura, o trabalho psíquico do adolescente consiste antes num remanejamento do apego ao(s) primeiro(s) objeto(s) de amor, apego que tem de ser distanciado para que possa fazer novos investimentos. Cyril estava impossibilitado de fazê-lo devido à atitude da mãe, que exacerbava sua vulnerabilidade.

Separar-se dos pais já é difícil, mas quando é preciso se separar de um pai que está só, as coisas se complicam particularmente. Como pode um adolescente abandonar a mãe que lhe dedicou toda a sua vida e que, sem ele, vai ficar só? Para conseguir viver, ela vai ter de entrar no que parece um processo de abandono, e esse abandono filial é fonte de culpa.

Se a mãe tem relacionamentos amorosos, a situação é outra; contudo, é legítimo o adolescente pensar ao mesmo tempo que, na vida dela, só ele conta no longo prazo. Em suma, o que está em jogo nisso é a cronicidade da vida amorosa: Quem foi o primeiro no afeto da mãe? Quem resistiu a todas as mudanças? Quem é o homem estável? O menino se sente definitivamente único para a mãe. E isso é uma dificuldade a mais para ele. Quando se é tão importante para alguém, como abandoná-lo? Mesmo que a mãe tenha outros interesses, mesmo que afirme não ver nenhum problema em seu filho se afastar, para o adolescente é um problema. No fundo, o único a quem sua mãe permaneceu fiel e o único que até agora foi fiel a ela é ele, seu filho. Queiramos ou não, a monoparentalidade sempre traz consigo uma relação simbiótica com o filho, sobretudo quando ele é único. Não basta uma mãe dizer: "Uma coisa é meu filho, outra, a minha vida" para se desfazer dessa relação tão forte. Porque esse filho também é a vida dela, ao menos uma parte importante de sua vida. Importante em que medida? Em que porcentagem? Em todo caso, é uma porcentagem estável, fixa, quando o resto pode flutuar.

Com as meninas, as coisas são sensivelmente diferentes, o que não significa que sejam mais simples. Também elas têm de abandonar uma mãe com quem muitas vezes têm uma identificação muito forte. No entanto, para essa mãe, a filha também representa uma nova chance de realizar uma história de amor, por procuração em certa medida. O menino muitas vezes continua sendo considerado, ainda que inconscientemente, um amor único – ao menos o mais forte e mais duradouro.

Poucos dias depois de ter atendido Cyril e a mãe, recebo uma mãe com sua filha, afetada de depressão aguda. Ela me diz que já não pode ficar com a filha, que não pode fazer tudo por ela; entende que a filha precisa ser internada e receber cuidados especializados. Coincidências da vida, essa mulher, quando criança, foi abandonada e recolhida pelo hospital Saint-Vincent-de-Paul, e é para esse mesmo hospital que ela leva a filha hoje. O que será que ela sente? Não demonstra nada, contentando-se em insistir que não dá conta sozinha e que não agüenta mais. Quando teria todos os motivos para grudar, consegue se desprender. Com muita humildade, aceita e respeita a patologia da filha: custa-lhe entender por que seu suporte não lhe serve, ela que nunca teve suporte materno e teria gostado tanto de ter; renuncia a ser a mãe perfeita que imaginava, para dar à filha a chance de se curar.

Se, por um lado, Cyril é vítima da patologia de sua mãe, de sua incapacidade de superar a dor de amor, essa mulher, por outro, é vítima da doença da filha, que traz novamente à tona, de forma dolorosa, a questão de suas origens, de seu abandono, de sua infância caótica. Embora essa questão não seja a causa dos problemas da filha, a patologia depressiva desta faz nascer uma culpa na mãe, que se pergunta se o que viveu não pesou no seu relacionamento com a filha. Ao vir pedir ajuda e apoio, mostra no entanto que consegue superar sua própria fragilidade.

Quando a dependência destrói

Alexandre, adolescente de 17 anos, é o último de três filhos e sem dúvida aquele que menos corresponde às expectativas dos pais, do pai essencialmente. O pai, que ocupa um importante posto nas altas finanças, é um homem brilhante e exigente, geralmente rude com quem não faz o que ele quer ou se afasta de seu modelo de vida. Como o sucesso intelectual e social é primordial a seu ver, sempre suportou mal esse filho sonhador e indeciso que fracassava na escola e se mostrava indiferente a toda idéia de carreira.

Faz alguns meses, Alexandre passou a usar heroína, fazendo todo o possível para, ao mesmo tempo, demolir a si mesmo e existir aos olhos do pai, tão inacessível quanto inigualável em termos de sucesso. Por não conseguir se nivelar com ele no sucesso, Alexandre se esforça para conseguir fazê-lo no fracasso.

Faz os pais viverem um verdadeiro inferno, roubando-os, maltratando-os, ameaçando-os. A mãe, esquecida pelo marido, vive com o filho uma relação próxima, quase incestuosa, e suporta as atuações dele com paciência e amor. De um modo meio estranho, o pai irá se mostrar cúmplice de Alexandre, chegando a lhe dar dinheiro para que possa conseguir suas doses, como se entendesse inconscientemente que tinha de pagar, de uma maneira ou outra, por ter sido um pai distante. Contudo, assim fazendo, parece também se livrar do problema, reduzindo a relação paterna a uma relação material que o dispensa de se mostrar disponível e afetuoso.

    A adição é sempre sinal de uma insegurança interna. Esta tem sem dúvida raízes na primeira infância, mas é reatualizada na adolescência e ganha então uma forma mais dramática. Para atenuar seu sentimento de insegurança, o adolescente recorre a um produto ou a um comportamento repetitivo – era o caso de Sara e de suas fugas reiteradas. Se se torna dependente, é porque a atenuação que eles lhe proporcionam é sempre de curta duração e ele precisa o tempo todo tomar novamente o produto ou reiniciar o comportamento, entrando numa espiral de que terá as maiores dificuldades para sair.

    Para Alexandre, a heroína é um meio de se singularizar em relação a seu pai, de recusar o modelo que ele lhe propõe, o que poderia ser interpretado como uma reivindicação de independência: "Você não pode ditar minha conduta, sei o que quero da minha vida." Na verdade, mostra desse modo uma incapacidade para se separar e reforça o vínculo com a família: os pais se preocupam com ele, suportam sua agressividade e suas ameaças, porque se sentem em parte culpados de ter fracassado com esse terceiro filho e esperam, com sua compreensão e paciência, ajudá-lo a sair dessa. Esperança ainda mais intensa porque Alexandre, entre duas crises de agressividade e de chantagem, promete que vai se curar, incentivando assim os pais a agüentar firme e não desistir dele.

    Quanto mais inseguro se sente, mais precisa dos pais, mais se detesta por essa dependência que no entanto reforça com sua toxicomania. Nota-se, então, que há uma dupla dependência: dependência do produto e dependência dos pais e da família, e, em ambos os casos, o vínculo é tóxico. É um vínculo que aprisiona e ata.

Alexandre nunca conseguiu se desatar. Contudo, acabou abandonando os pais aos 23 anos, quando conheceu uma moça com quem foi morar. Eles tiveram uma filhinha e pensou-se que essa paternidade poria fim a sua toxicomania. Porém, dias depois do nascimento, ele se suicidou. Nada nem ninguém podia lhe devolver a autoconfiança que tão cruelmente lhe faltava e era como se tivesse pressentido que, considerando-se suas dificuldades, não poderia criar outro vínculo que não fosse um vínculo tóxico e patológico com aquela criança. Pode-se pensar que, ao se suicidar, procurava protegê-la do mau pai que acreditava ser, o suicídio aparecendo concomitantemente como derradeiro ato de seu não-amor por si mesmo e único ato de amor pela filha que não veria crescer.

Esse suicídio também pode ser entendido como ato de lucidez por parte de um ser que se reconhece doente e considera sua doença incurável, tornando-o perigoso tanto para os outros como para si próprio. Por não poder se separar dos outros e da heroína, da qual depende para viver, separa-se de si mesmo, de seus tormentos incessantes que a droga já não acalma, de sua incapacidade de viver e de ser.

O suicídio de uma pessoa frágil costuma ser reprovado, condenado, quando na verdade marca sempre um intenso sofrimento que não nos cabe julgar. Os debates atuais sobre a eutanásia e o direito de morrer com dignidade parecem no entanto mostrar que muitos de nós estão dispostos a admiti-lo no caso de uma doença física, da deterioração e da invalidez que ela acarreta. Teríamos certamente de poder admitir que o suicídio por motivos psíquicos não é nem mais agressivo nem menos heróico; às vezes, também vem pôr fim a uma doença crônica, sempre fonte de intenso sofrimento. É sabido que o suicídio representa a segunda causa de mortalidade entre os jovens, depois dos acidentes automobilísticos. Contudo, antes da passagem ao ato "bem-sucedida", muitas vezes ocorrem tentativas de suicídio que são todas pedidos de socorro. Menos que um real desejo de morrer, exprimem um desejo de zerar as contas para tentar começar tudo de novo. Alguns comportamentos de risco parecem-se, aliás, com condutas suicidas: não se trata de flertar com a morte para sentir melhor a sensação de estar vivo, mas de "morrer um pouco" para mudar de vida.

Como curar uma toxicomania? Impõe-se um acompanhamento médico e psicológico ou psiquiátrico, mas ele tem seus limites e nunca se sabe qual será o futuro de um heroinômano, por exemplo. Alguns morrem de *overdose* ou de morte violenta (numa briga ou numa negociação com traficantes), outros, como Alexandre, se suicidam... E, embora alguns consigam escapar desses perigos graças a tratamentos de substituição – o que deve ser comemorado –, substituem uma dependência por outra, menos tóxica, mas igualmente escravizante.

Entre os especialistas em toxicomania, existem aqueles que defendem uma teoria que, embora possa parecer um tanto provocativa, merece nossa atenção. Para eles, a cura pode ser espontânea e coincide então com o fim de um processo de maturação, sendo o papel dos médicos e dos pais acompanhar e incentivar esse processo.

9. Separações impossíveis.

Podemos nos separar de tudo e de todo o mundo – o que não quer dizer que isso seja desejável! –, mas é de nosso maior interesse não nos separarmos de nós mesmos, pois nesse caso nos perdemos e perdemos ao mesmo tempo contato com a realidade e ficamos loucos.

Os primeiros tempos da vida, nos quais se enraízam o apego e a constituição do si mesmo, representam uma ancoragem necessária. Para se tornar dono de si, é de fato preciso poder se apropriar do próprio passado e das próprias origens. Mas como se apropriar do que se ignora? Origens desconhecidas ou incertas nos atam a um mistério de que parece difícil se desvencilhar.

Viver sem passado

Numa minúscula casinha de um minúsculo vilarejo dos Alpes italianos vivia um velho senhor, pequenino ele também, geralmente sentado diante da porta, barrete na cabeça, à espreita de qualquer pequena distração que aquele distante recanto pudesse lhe oferecer. Quando eu passava por aquele vilarejo, tinha a impressão de cruzar com um dos sete anões do conto de fadas de Grimm e trocava com ele amenidades quaisquer. Um dia, vi a casa fechada; ele fora encontrar Branca de Neve e os outros anões num outro reino.

Anos depois, encontrei um dia um homem que tinha o mesmo sobrenome dele. Ao evocar o velho senhor de barrete, disse-me que era seu avô e me contou sua história. A bisavó, estéril, tinha ido para San Remo durante o tempo necessário para que acreditassem numa gravidez e voltara alguns meses depois com seu bebê, na verdade uma criança que ela adotara. Na cesta do bebê, foi encontrado um par de abotoaduras de ouro, talvez as de seu pai ou uma lembrança de família colocada ali pela mãe biológica. A mãe adotiva as dera ao filho para que conservasse um traço de suas origens desconhecidas. Tendo chegado à idade adulta, ele as apostara no pôquer e as perdera.

Esse gesto pode receber muitas interpretações. O homem se separara totalmente de um passado que não conhecera e não sentia a necessidade de guardar nenhum vestígio dele. Ou tinha se vingado desse passado abandonando o suposto presente dos pais, como ele mesmo fora abandonado. Ou então o homem era um psicopata qualquer que se livrara de suas lembranças justamente porque não se lembrava de nada. De minha parte, não pude me impedir de pensar que era uma pena não ter mais aquelas abotoaduras que indicavam uma pertença, representavam o único traço de sua filiação e de suas origens.

É possível viver sem ancoragem no passado?

"Os homens não se separam de nada sem dor, e nem os lugares, as coisas e as pessoas que mais infelicidade lhes trouxeram eles abandonam sem sofrer", escreve Apollinaire em *Le Flâneur des deux rives*. Todos os seres humanos precisam ter um passado que lhes sirva de ancoragem e lhes possibilite construir um futuro. E, mesmo que esse passado seja doloroso, é preciso saber lembrar-se dele de vez em quando, nem que seja para esperar um futuro melhor. Um passado infeliz não vale mais que passado nenhum?

Separar-se de suas origens

O pai biológico de Maella abandonou a mulher quinze dias antes do nascimento da filha deles, que ele não reconheceu. Encontrara outra mulher durante a gravidez e queria viver com ela. Sentindo-se abandonada, a mãe de Maella fez então um episódio depressivo bastante compreensível, que no entanto acabou superando bem. Quatro anos atrás, conheceu um homem com quem mora agora e que, faz dois anos, adotou legalmente Maella, para melhor integrá-la à família recomposta. Da união deles, acaba de nascer mais uma filha, e Maella, 13 anos agora, me diz com orgulho que ela mesma escolheu o nome da irmã. Um pouco depois, é com o mesmo orgulho que ela me fala de todas as "besteiras" que fez e que são o motivo da consulta que seus pais me fazem. Ela os provoca, recusa-se a se submeter às regras, diverte-se em sabotar seus estudos, empenhando-se em se mostrar interessante apenas do lado negativo.

A problemática dela lembra imediatamente a de uma adolescente adotada, mas surpreende na medida em que Maella mora com a mãe, foi adotada tardiamente por um padrasto que conhecia e pôde participar dessa adoção. Compreendo melhor os motivos de seu comportamento quando Maella me conta que, faz algum tempo, por intermédio da avó paterna, passou a encontrar o pai biológico às escondidas.

Não é raro encontrar casos de homens que abandonam o filho ao nascer, refazem suas vidas, têm outros filhos e depois desejam restabelecer os laços com aquele que não reconheceram nem criaram. Alguns o fazem abertamente, mas o pai de Maella preferiu o segredo, pois a esposa atual o ameaçou com a separação se revisse a primeira filha. Esse segredo fragiliza Maella, que, através dele, é confrontada o tempo todo com a questão de seu abandono e não pode integrar seu pai adotivo como "verdadeiro" pai. Na maioria dos casos, são os adotados que, numa certa idade, sentem a necessidade de procurar aqueles que os abandonaram. Estes tiveram tempo de integrar seus pais adotivos como sendo seus pais, o que traduzem dizendo: "Papai e mamãe são eles, mas quero achar minha mãe, meu pai." Com essa busca, querem tentar entender por que foram abandonados e, sobretudo, mostram uma necessidade vital de conhecer suas origens. Definitivamente, parece difícil viver ignorando de onde se vem, mesmo que alguns felizmente consigam poetizar esse desconhecido para torná-lo menos desequilibrante. Para os outros, o vazio das origens está cheio de perguntas e suspeitas, sempre vagas, sempre incertas, o que os impede de ter uma ancoragem estável. A ignorância cria um vazio que os aspira e prende à sua revelia. Como se desprender do que não se conhece e que alimenta a dúvida sobre si?

É certamente o que explica por que as crianças adotadas passam muitas vezes por uma crise de adolescência bastante aguda. Constatar isso não significa lançar o anátema sobre a adoção. Pode-se, no máximo, sublinhar uma vez mais que o psiquiatra só trata de casos difíceis, e que evidentemente existem adolescentes adotados que não trazem maiores problemas.

Paradoxalmente, a dificuldade decorre de os pais adotantes serem geralmente pais de alta qualidade, amorosos, pacientes, atenciosos, ainda mais preocupados com o bem-estar do filho por ele ter tido um começo de vida perturbado e traumatizante. Quanto melhores são os pais, mais o adolescente vai querer provocá-los: por parecerem capazes de suportar tudo, quer verificar sua capacidade de resistência. Testando o amor deles dessa forma, tenta provar a si mesmo que não é "abandonável" de novo. Contudo, a agressividade e a violência empregadas são também um meio de restabelecer um laço com os pais biológicos, esses pais suficientemente maus para o terem abandonado. Quanto pior se comporta, mais se convence de estar conforme a suas origens – "Sou mau como meu pai e minha mãe biológicos" –, criando assim um laço que lhe foi arrancado. A dificuldade própria do adolescente adotado é que tem de se separar duplamente: de seus pais adotivos tão bons, para com os quais tem uma dívida, e dos pais desconhecidos que fragilizam sua auto-imagem.

A questão das origens também se coloca no caso da reprodução assistida. Deve-se dizer a uma criança que ela foi concebida por reprodução assistida? Que sua mãe a carregou na barriga, mas que foram espermatozóides de um doador desconhecido que fecundaram o óvulo dela? Muitos psiquiatras e psicanalistas são opositores ferrenhos do segredo, que seria sempre prejudicial para a criança. Toda verdade que lhe diga respeito deve ou até tem de ser dita. Não é esta a minha opinião. Para mim, a verdade não é a panacéia. Mais do que impô-la à criança, melhor é ficar atento e esperar para ver como ela evolui, se faz ou não faz perguntas, o que ela não faz necessariamente de forma verbal, mas por meio de comportamentos ou sintomas.

Certo dia, um homem e uma mulher vêm me ver, sem o filho, mas com uma foto dele que o pai me estende imediatamente. É um menino de 8 anos, que se parece pouco com o pai. Digo isso ao pai, que me interrompe de imediato. Justamente, não é filho dele; nasceu de uma inseminação artificial com doador, mas ele não sabe disso, assim como ignoram esse fato as pessoas que os rodeiam. Os pais querem saber se apesar de tudo devem lhe revelar a verdade; estão em desacordo sobre o assunto, a mãe querendo contar o segredo e o pai se recusando a ouvir falar sobre o assunto. No fundo, vêm me pedir para ajudá-los a chegar a um acordo. Parece difícil dizer algo sem ter visto o menino, mas questiono-os para saber se ele apresenta algum problema em particular, se a relação entre eles é harmoniosa ou conflituosa. Ante isso, ambos falam a uma só voz, reconhecendo que está tudo bem, que o filho não tem nenhum comportamento ou sintoma que possa levar a pensar que está sofrendo. Tem grande admiração pelo pai, piloto de linha aérea de longo percurso, que às vezes o leva junto na cabine para atravessar o Atlântico, e sonha em também se tornar piloto, indício de uma boa identificação com esse pai que com razão considera como seu.

Poder-se-ia dizer que a identificação é uma forma não patológica de apego. Identificar-se não é fusionar, mas perceber no outro sentimentos, gostos, atitudes de que nos apropriamos para melhor nos construirmos. Querer ter a mesma profissão que os pais não significa que se queira ser como eles e não abandoná-los, mas continuar o que eles fazem tendo, sem dúvida, o desejo de fazer melhor ou mudar.

Para que serviria dizer a verdade para esse menino? Para perturbar sua mente lançando uma dúvida sobre sua origem, origem que nunca poderá conhecer porque a lei autoriza a doação de esperma contanto que seja anônima. Ficará para o resto da vida confrontado com o mistério do desconhecido e na impossibilidade de saber quem foi seu verdadeiro pai. Claro que se pode fantasiar sobre a própria origem, emitir hipóteses, sonhar, e é o que fazem todas as crianças quando inventam para si um romance familiar. No entanto, fantasia-se melhor quando se tem um enraizamento concreto num passado que em parte nos moldou, ao menos do ponto de vista genético.

"O passado não é o que desapareceu, é o que nos pertence", disse o personagem tão poético do filme de Arnaud Desplechin, *Rois et reine* [Reis e rainha]. Para que esse passado nos pertença, é preciso conhecê-lo. Só então é possível incorporá-lo e fazê-lo seu para se sentir si mesmo. Apropriar-se de suas origens é poder ser si mesmo. Só é possível se separar do que se possui.

No fundo, todo o trabalho da criança se parece com isto: apropriar-se de seu passado e de sua família para poder se separar deles um dia. A criança dona de sua família mais do que dona de seus pais, é isso o que abre horizontes de liberdade.

O trauma que fragiliza

Atendi Guillaume quando ele era pequeno, adotado precocemente por um casal sem problemas e muito feliz por ter esse filho tão esperado. Romeno de nascença, vivera alguns meses num daqueles terríveis orfanatos onde parece faltar tudo para os pequerruchos. Guillaume tinha um comportamento difícil: tinha dificuldade de entrar em comunicação com os outros, tanto as crianças de sua idade como os professores, sofria de disgrafia, o que o impedia de escrever corretamente, mostrava-se sempre inquieto e buscando segurança afetiva dos pais adotivos. Alternando ansiedade e ruptura, seu comportamento era no mínimo desarmônico e evocava um quadro pré-psicótico, ao menos foi isso o que pensei ao vê-lo. No entanto, testes provaram que ele não era deficiente, nem intelectual nem psicologicamente falando; seu comportamento não era estrutural, era sem dúvida reativo a seu ingresso tão difícil na vida. Ao longo de uma psicoterapia de vários meses, Guillaume foi pouco a pouco melhorando.

Voltei a vê-lo, jovem adulto, um pouco deprimido porque tinha um trabalho que lhe era difícil suportar – o que é compreensível, sabendo-se que trabalhava no necrotério. Tinha uma namorada, que não se entendia com seus pais adotivos; de repente, passara a vê-los pouco, o que o deixava culpado, tanto mais que eles lhe recriminavam esse rompimento com que não lidavam bem. Quando a companheira engravidou, Guillaume veio me ver, feliz com essa perspectiva. No entanto, no quarto mês, ela fez um aborto espontâneo tardio. Então, Guillaume descompensou. Engordou 30 quilos, não dormia mais, brigou com a namorada, que o largou, brigou com os pais, com os colegas de trabalho etc.

Guillaume superou-se uma primeira vez graças à psicoterapia, graças sobretudo à paciência e ao afeto incondicional dos pais. Parecia estar curado de um comportamento inquietante, mas nem por isso tinha se curado de seu passado, de sua ferida original. Sua extrema fragilidade reapareceu por ocasião do aborto de sua companheira, que representou para ele uma perda excessiva, insuportável. Reavivou o trauma de suas origens, aquele abandono de que fora objeto ao nascer, e voltou a colocá-lo em situação de extrema vulnerabilidade. Conceber um filho por sua vez, acompanhar a gravidez, cuidar do bebê, vê-lo crescer e acompanhá-lo... Será que alguém consegue imaginar o que representa essa continuidade de apego para aquele que não a teve e que tem a possibilidade de finalmente viver o que lhe foi arrancado? Para Guillaume, a paternidade representava um meio de acertar as contas com um passado doloroso; o aborto significou para ele uma incapacidade de superar aquele passado que voltava. Ao se tornar pai, oferecia um neto aos pais adotivos, inscrevendo-se por fim naquela família em que tivera tanta dificuldade para se integrar. O aborto voltou a colocá-lo em posição de criança abandonada.

Separar-se de si

Quando entrei na psiquiatria, ainda existiam hospícios, no sentido mais terrível do termo: salas comuns com barras nas janelas, onde os doentes viviam em condições de higiene muito precárias. Foi numa dessas prisões um tanto particulares que encontrei Isidore. Antilhano de nascença, Isidore perambulava pelas ruas de Marselha, parecendo ouvir vozes e dizendo coisas caóticas e incoerentes. Já fazia tempo que a polícia estava de olho nele, mas a cada vez Isidore conseguia escapar por entre seus dedos. Até o dia em que foi internado por ordem judicial num hospício.

Durante várias entrevistas, ele me contou sua história. Aos 15 anos, saíra das Antilhas natais deixando para trás sua família de pescadores e foi parar na metrópole, errando ao sabor das estradas e dos encontros fortuitos. Suas peregrinações o conduziram ao centro da França, onde foi acolhido por um casal, proprietário de um posto de gasolina, que aceitou tomá-lo como frentista, em troca de cama e comida. A parada provisória se transformou e Isidore passou ali quinze anos de sua vida. Quinze anos durante os quais não sentiu a menor vontade de partir. No entanto, o casal atingiu a idade de se aposentar, vendeu o posto e Isidore retomou sua vagabundagem, que o conduziu a Marselha e, pouco depois, ao hospício.

Era um paciente calmo, que não criava nenhum problema e era adorado por todas as enfermeiras. Tocado por sua história e avaliando que ele não tinha muito o que fazer ali, pus na cabeça que iria encontrar a família dele em Basse-Terre, para tentar entender por que ele fora parar entre os malucos. Vinte e cinco anos depois de ter abandonado a família sem dar nenhum sinal de vida, seus parentes acabaram dando-o por morto, mas, quando entrei em contato com eles, mostraram-se totalmente dispostos a lhe devolver o lugar que era seu.

Com uma teimosia que beirava a obstinação, realizei todos os trâmites administrativos para cancelar a ordem judicial de internação, importunando o serviço social, o prefeito, todas as autoridades competentes para obter o direito de mandar Isidore para a casa dele, onde, eu tinha certeza, estaria melhor do que no hospício. Quando alcancei meus objetivos, fiquei feliz e orgulhoso e fui logo avisar Isidore de seu retorno em breve às Antilhas. Curiosamente, a notícia não pareceu alegrá-lo e, nos dias que se seguiram, ele me evitou, recusando-se a falar comigo. Contudo, a data da partida se aproximava e, na antevéspera, fui lhe pedir para arrumar suas coisas. Ao abrir a porta, varri a sala com os olhos mas não o vi. Ao avançar, percebi no reflexo da janela uma silhueta que, rápido como um raio, se atirou sobre mim e tentou me estrangular, soltando gritos tão estranhos quanto inquietantes. Debati-me o tempo necessário para os enfermeiros chegarem e conseguirem neutralizar o agressor, no qual reconheci Isidore, que os enfermeiros colocaram no isolamento. Quando fui vê-lo novamente para entender por que tinha me agredido daquele jeito, colocou-se num canto da cela, como se tivesse medo de mim, e finalmente conseguiu falar comigo depois de alguns dias, obstinado em permanecer silencioso. Tomado de raiva e desespero, disse-me que não queria me ver nunca mais porque entendera perfeitamente o complô: eu era o diabo e o tinha encontrado. Tinha saído das Antilhas porque queriam roubar seu cérebro e seus pensamentos e eis que tudo começava de novo. Sim, definitivamente eu era o diabo.

Isidore nunca voltou para Basse-Terre, nunca reviu sua família, nunca foi pescar nas pequenas baías antilhanas. Morreu pouco tempo atrás no hospital psiquiátrico, onde nunca mais causou nenhum problema. Somente a idéia de rever a família, de quem tinha fugido, punha-o fora de si e fazia emergir seu delírio enterrado.

Eu não tinha entendido nada de tudo aquilo. Não tinha percebido até que ponto Isidore era esquizofrênico, delirante; projetava nele os temores e desejos de homem "normal": achava que, como todo o mundo, precisava de vínculos, apegos, precisava portanto reencontrar a família e seu país para estar melhor.

No começo, sua fuga parecia uma fuga de jovem: tinha ido embora, aparentemente por vontade própria, para viver sua vida, descobrir o mundo. Na verdade, fora seu medo de ser coagido, aniquilado, vampirizado por sua família que o tinha obrigado a partir. Sua fuga era a primeira manifestação de sua patologia delirante, mas ninguém tinha entendido isso: nem sua família na época, nem eu anos mais tarde.

Mais que uma separação voluntária, era uma separação imposta pela doença, que o fazia crer que corria o risco de ser morto por sua família.

No fundo, alguns daqueles que saem para comprar cigarros e nunca voltam talvez se pareçam um pouco com Isidore: achamos que estão fugindo dos seus próximos, quando, na verdade, estão fugido de si mesmos.

O interessante na sua história foi o fato de ele ter ficado estável durante quinze anos, de ter conseguido deixar de fugir ou escapar sem parar, como se não tivesse mais medo de que roubassem seus pensamentos. O posto de gasolina funcionara para ele como um hospital-dia, era um meio de proteção contra si mesmo: o casal de proprietários aceitava-o como era, sem fazer perguntas, contentando-se em alimentá-lo e lhe oferecer um teto; e o dia todo ele via pessoas que olhavam para ele e mal lhe dirigiam a palavra. Pudera se fixar porque não se sentia ameaçado. A carência relacional e afetiva o protegia da invasão delirante de um mundo que percebia como hostil, devorador. A ausência de laços o deixava a salvo, numa aparência de normalidade. O hospício lhe oferecera a mesma proteção e portanto a mesma estabilidade. Para um adversário ferrenho da internação psiquiátrica como eu, essa é uma prova de que ela no entanto constitui um recurso precioso para alguns seres frágeis e doentes.

Embora existam várias formas de esquizofrenia, também designadas sob o termo "demências precoces", elas têm contudo em comum algumas características: os esquizofrênicos não são apenas incoerentes em suas idéias, ações e afetividades, eles se afastam da realidade e se voltam para si próprios e para suas produções fantasísticas ou delirantes. Afastados da realidade, não conseguem criar laços. A etimologia da palavra o expressa bem: em grego, *schizo* significa "fender", "clivar", e *phren*, "espírito", o que é designado em alemão pelo termo *Spaltung*, em francês "dissociation" (dissociação). Há fragmentação do pensamento, que não se adapta à vida. Um dos aspectos mais significativos da esquizofrenia é o transitivismo: o esquizofrênico está aqui e alhures ao mesmo tempo. Fala com você e, ao mesmo tempo, está convencido de que parte dele está alhures. Não é algo que tenha a ver com devaneio, estar presente pensando em outra coisa, aspirar a estar em outro lugar, que é um mecanismo de defesa neurótico benéfico. O esquizofrênico está dissociado, desdobrado, desligado à revelia. Separado de si mesmo, não pode se ligar. Curiosamente, há quem diga que ele é "louco de amarrar", quando está louco por não poder se amarrar. A camisa-de-força, ainda que seja química, é a única maneira de ligá-lo um pouco a si mesmo e à realidade.

10. O psiquiatra infantil e a separação

Da psicoterapia poder-se-ia dizer que ela é uma máquina de separar, ou um terceiro separador, que vai possibilitar ao sujeito recuperar suas bases narcísicas e a autoconfiança necessárias para ganhar autonomia, agir e pensar por si próprio.

Durante certo tempo, o tempo da transferência, o paciente vai viver com o psicoterapeuta um apego que reproduz seu laço fusional com aqueles – seus pais, seu primeiro amor etc. – de quem não consegue se separar. Contudo, como tem de se ater à "neutralidade benevolente", o psicanalista lhe oferecerá uma resistência que pouco a pouco o ajudará a tomar distância, a fim de que a psicoterapia apareça então como uma separação tranqüila e também como uma conquista de si.

O prazer dos reencontros

Vez por outra filmo as consultas para que eu e meus alunos possamos dissecá-las e analisá-las. Claro que sempre peço a autorização dos pacientes, que aceitam de bom grado, sobretudo porque sabem que os alunos estão submetidos à regra da confidencialidade e ao sigilo profissional.

Naquele dia, recebi uma mulher com seu bebê. Como sabia que estava sendo filmado, dei uma de esperto e logo de chofre perguntei: "Quer dizer então que esse nenê tem problemas para dormir?" Não corro riscos: os distúrbios do sono constituem o motivo de 90% das consultas. E, efetivamente, aquele bebê tinha distúrbios do sono. A mãe consegue fazê-lo dormir no colo, mas assim que o coloca no berço, ele acorda e chora agarrando-se a ela e não a soltando mais. Não agüentando mais os berros e as noites entrecortadas, ela o pôs para dormir na sua cama faz mais ou menos um mês. Quando lhe pergunto o que o pai da criança acha disso, conta-me que se separou dele. Esse homem, que ela ama, é esquizofrênico, tem ataques de agressividade contra ela e o filho deles. Porque ele pode ser perigoso tanto para ela como para a criança, resolveu largá-lo apesar da dor que isso lhe causa, pois sonhava em fazer a vida com ele.

O diagnóstico parece evidente: a ruptura imposta pela doença mental do pai provoca nessa mulher uma necessidade de fusão com o filho. É uma situação típica depois de uma separação: quando, tendo deixado de dormir com o companheiro, o genitor dorme com seu filho, trata-se de um sinal seguro da persistência de seu amor pelo outro, de quem se separou.

A consulta continua e a mulher me fala de seu isolamento. Desde a separação, a família do marido não quer mais vê-la. Os sogros – sobretudo a sogra – não suportam o fato de ela ter abandonado o filho deles e deixaram de lhe dar atenção. Na opinião deles, ela era uma nova chance para o filho, mas não conseguiu curá-lo, repetindo o próprio fracasso deles. O sogro não está apenas decepcionado, também sente um temor específico: de que o neto seja doente, como seu próprio filho, escrevendo assim uma história dolorosa. A jovem compartilha desse temor e, quando me pergunta se os distúrbios do sono não são sinal de dificuldades psicológicas mais importantes, entendo que é esse o verdadeiro motivo da consulta, a questão de uma possível hereditariedade, de uma transmissão da doença psíquica (mental) do pai para o filho. Não se trata de um temor irracional, pois a vulnerabilidade à esquizofrenia parece ser maior em filhos de pais esquizofrênicos. No entanto, a maioria deles não repete a patologia, que afeta cerca de 1% da população francesa.

Começo a brincar com o bebê: tem boa tonicidade, um olhar móvel, reage às solicitações, sorri, balbucia... Em outras palavras, demonstra um excelente desenvolvimento psicomotor, que destaco para a mãe a fim de apaziguar seus temores, ao menos temporariamente, porque a patologia pode se revelar mais tarde.

Ela relaxa e me agradece: acha que graças a isso o bebê vai dormir melhor; se tinha tantas dificuldades era porque percebia sua ansiedade e se agarrava a ela tanto para tranqüilizá-la como para tranqüilizar a si próprio, pensa ela. Felicito-a por sua compreensão, chego a suspeitar que seja psicóloga ou psicoterapeuta. Estou enganado, diz ser especializada em contabilidade.

A consulta terminou e, quando a acompanhei até a porta, ela parou e perguntou: "Você não lembra de mim?" "Não, acho que não..." Porém, quando ela pronunciou seu nome, foi o bastante para reativar um fluxo de lembranças. Atendi durante três anos aquela menininha que sofria de neurose obsessiva, presa de inúmeros TOC invalidantes. Também ela conservou lembranças daquela época, e se pôs a me lembrar meu modo no mínimo fantasioso de tratá-la. Sabendo que a consulta estava sendo filmada, teria preferido que ela se calasse, não tinha a menor vontade de que meus alunos descobrissem o psiquiatra infantil principiante que fui, frágil, incompetente, em todo caso propondo remédios bastante improváveis para os TOC de que ela sofria. Para pôr fim ao meu calvário, interrompi-a pedindo notícias de seu pai, que costumava acompanhá-la às consultas. Infelizmente, seu pai tinha morrido e eu tinha a impressão de que aquilo não acabaria nunca... Maldito dia para o psiquiatra infantil!

Maldito dia, sim, mas belo reencontro. E, apesar de ser psiquiatra infantil, gosto dos reencontros, embora suporte certas separações. Nesse caso, não é o reencontro comigo mesmo jovem que me interessa, embora espere sinceramente ter melhorado, me refinado um pouco. É o reencontro com a menininha que se tornou mulher que me dá prazer. Pois, no fundo, o que acontece com nossos pacientes? Não sabemos. Um dia, dizemos a eles: "Vá em frente, acabou, você não precisa mais de mim", mas ignoramos tudo sobre o futuro deles. Como evoluíram? Que benefícios de médio ou longo prazo eles tiram de sua psicoterapia? Para que servimos?

Apesar de minhas prescrições fantasiosas, a menininha conseguira se livrar de seus TOC. Mais tarde, tornando-se contabilista, fizera uma boa escolha compensatória, pois é uma profissão que exige ordem, rigor, controle, ou seja, tudo aquilo de que um obsessivo não pode prescindir.

Não é psicanaliticamente correto, mas, na qualidade de psiquiatra infantil, devo confessar que me apego a meus pacientes – não a ponto de fusionar com eles, claro, mas o bastante para conservar em relação a eles uma curiosidade benevolente e certa empatia. Não consigo agir de outro modo. Quando as pessoas me contam seus problemas, suas infelicidades, é difícil para mim permanecer insensível e simplesmente largá-las um dia, sem mais nem menos, de repente indiferente ao que vai acontecer com elas, quando, durante todo o tempo que passamos juntos, eu as escutei com atenção e muitas vezes com afeto. Os psicanalistas diriam que isso é fazer o jogo da sedução e da fusão, é certamente pouco ortodoxo, provavelmente inapto, mas talvez um pouco de calor ajude quando não nos sentimos bem.

O paciente é um barco e o psiquiatra lhe serve de escora quando ele está no cais, imobilizado contra a própria vontade, para ser consertado, carenado. Quando o barco está novamente pronto, retiram-se as escoras e ele pode ser devolvido ao mar, flutuar, vagar para novos horizontes e novas conquistas. Quem pode afirmar que as escoras não guardam alguma marca do barco que sustentaram?

Quando a psicoterapia não termina nunca...

É um casal de professores de origem italiana, ambos muito simpáticos. Eles adotaram um menininho, que, como se fosse de propósito, vai mal na escola desde o começo. Vejo-o num primeiro momento quando repete a 1ª série. Volto a vê-lo alguns anos depois quando repete a 5ª série. Depois volto a vê-lo com 16 anos. Agora, ele se recusa a ir ao colégio, chantageia os pais, rouba a carteira de motorista deles, revende a lambreta que eles lhe deram, agride-os, trata-os mal etc. E os pais amorosos agüentam firme, perdoam, esperam.

Desde pequeno, cada vez que lhe pergunto sobre os motivos de seus comportamentos, esse menino repete invariavelmente: "Não sei" ou "Como lhe dizer?" Devo dizer, de minha parte, que tenho uma forte contratransferência com esse menino que faz com que seus "Como lhe dizer?" me sejam insuportáveis. Sinto em relação a ele ondas de agressividade, mas me contenho para não sacudi-lo e dizer que, com um psiquiatra infantil, ele só tem que dizer, só isso.

No entanto, incapaz de um rompimento terapêutico, vou me cronificando na relação. Agüento firme por simpatia pelos pais, que têm tamanha reserva de esperança. A mãe consegue por vezes tomar distância em relação à conduta do filho, mas o pai não consegue relativizar, ele espera, acha que tudo vai acabar dando certo. É um pai maravilhoso, um pouco enroscado no seu papel de pai adotivo, que tem de ser bom ou até muito bom, muito benevolente. Diante dele, tento esmagar o mau pai que sinto dentro de mim. Na verdade, não quero abandonar o menino. Estou enrolado com sua história de criança que ignora suas origens e sofre por ter sido abandonado ao nascer por pais desconhecidos. Mas o tempo passa e, às minhas perguntas, ele continua a contrapor suas duas respostas imutáveis: "Como lhe dizer?" e "Não sei".

Um belo dia, anos depois, acompanhando um paciente até a saída, eu o vejo na sala de espera. Está ali com uma mulher e um bebê. O céu cai sobre a minha cabeça, fico aterrorizado ante a idéia de revê-lo, reação de rejeição quase incontrolável.

Eles vieram me consultar porque o bebê deles não dorme. Quando pergunto a ele se tem alguma idéia que possa explicar esses distúrbios do sono, ele responde: "Como lhe dizer? Não sei…" Então, é mais forte que eu, estouro: "Escute, agora chega, você tem de saber. Você vai falar com outro psicoterapeuta para entender e poder dizer: 'Sei o que não está bem.' Se não entende para você, tem de entender para seu bebê. Um pai é alguém que pode ajudar seu bebê porque sabe."

Precisei de todo esse tempo para entender que seus "Como lhe dizer? Não sei" significavam: "Como lhe dizer que não sei minhas origens, não sei de onde vim, não sei por que fui abandonado, não sei nada…"

Ele me ligou depois de alguns meses de trabalho com um de meus colaboradores para me contar que estava tudo bem, o bebê dormia e, agora, ele sabia. Finalmente conseguira um emprego e podia começar a ter um relacionamento tranqüilo com os pais, cuja paciência e amor tinham sido constantes.

Por ter sido abandonado ao nascer, aquele menino tivera a maior dificuldade para estabelecer laços tranqüilos com seus pais adotivos. O único laço era sua agressividade, seus comportamentos delituosos e provocativos, que mostravam sua dificuldade para se separar daqueles a quem tanto devia, sua dívida lhe parecendo impossível de saldar e mantendo-o numa situação de dependência. Foi preciso ele se tornar pai e descobrir suas capacidades de criar um apego para aceitar um laço mais sereno.

Se fosse possível fazer o atendimento de trás para a frente, tudo pareceria mais fácil e o psiquiatra infantil seria sempre genial. Com aquele menino, eu certamente tinha cometido um erro ao instaurar uma relação crônica que reproduzia a relação com seus pais. Tinha me deixado enredar pela simpatia que sentia por eles, tentando inconscientemente igualar minha paciência à deles. No entanto, a história parece mostrar que eu teria sido mais útil se tivesse "rejeitado" o filho deles antes... Porém, isso não é uma certeza. Talvez aquele menino só precisasse de tempo para amadurecer, no ritmo dele: e o psiquiatra não tem o poder de acelerar esse tempo.

Isso não exclui a necessidade de se debruçar um pouco mais sobre certas psicanálises intermináveis e tentar entender quem, o paciente ou o analista, tem mais dificuldade de se separar do outro.

Conclusão

A força do vínculo

É possível viver sem vínculos? Não, porque ninguém pode existir sozinho. Cada qual precisa do outro para se construir e se conquistar, para se tranqüilizar às vezes, e para compartilhar momentos, idéias e desejos. O outro é precioso na medida em que representa uma abertura para o mundo. Por isso é que deveríamos sempre nos indagar sobre a natureza do vínculo que nos liga mutuamente.

Etimologicamente, a palavra *"lien"* [liame] vem do latim *liganem*, "que serve para atar". O francês antigo utilizava a palavra *"lien"* nos casos em que hoje se usa a palavra *"laisse"* [trela]. Portanto, segurava-se o cão pela "trela" para impedi-lo de escapar quando ele tinha veleidades aventureiras e vontades de grandes espaços. Depois a palavra *"lien"* adquiriu o sentido de *"entraves"* [peias] de um prisioneiro. Nota-se que, na origem, o liame é coação e impede a liberdade, ao menos a liberdade de movimento.

Foi apenas no século XII que a palavra passou a ser empregada em sentido figurado tendo, conforme o contexto, "valor do que une afetiva ou moralmente" e de "coerção resultante de um voto", qual seja, os laços do casamento. Na época clássica, o laço tornou-se "aquilo que mantém numa estreita dependência, em servidão", designando a escravatura amorosa; depois, de modo um pouco atenuado, a palavra adquiriu o sentido de "relação afetiva", tal como na expressão "laços de amizade".

Ou seja, é uma palavra carregada de sentidos. O laço ata, aprisiona, coage, submete etc. Felizmente, existem outros que associam, aproximam, seguram o tempo necessário, mas conseguem afrouxar e distender quando é preciso. Quando se navega, aprende-se a fazer todo tipo de nós náuticos, um dos quais é chamado "nó de cadeira". Uma maneira específica de entrecruzar as pontas torna esse nó extremamente sólido: na tempestade, quando o navio balança e puxa, o nó aperta para impedir o naufrágio; contudo, por mais apertado que esteja, basta um leve gesto para que ele se desfaça sem oferecer resistência. O navio pode então retomar sua rota...

Prender-se, desprender-se, voltar, sair novamente, encontrar, abandonar... Toda a nossa vida segue esse movimento permanente, e isso desde os seus primeiros meses.

Para que serve o apego? Paradoxalmente, para nos ensinar tanto a criar laços como a encontrar as forças para nos desprender deles. É porque esse laço original nos ancora à vida e aos outros que irá nos permitir nos fazer ao largo. Podemos então largar as amarras, com a certeza de poder voltar ao porto. Desprender o laço, mas não rompê-lo. E se prender de novo, aqui ou acolá, sem se deixar aprisionar.

Muitos repetem – a começar pelos psiquiatras – que todos nós sonharíamos em recuperar a fusão original. Creio, no entanto, que dessa fusão cada qual guarda também a saudade da vontade de conquistas a que ela deu origem; cada qual sonha ao menos na mesma medida em se libertar de certos laços que, pressente, às vezes acorrentam. Basta ver a fascinação e a admiração que suscitam certas vidas de eremita ou certos conquistadores do impossível que se arriscaram sozinhos a tomar de assalto os picos... A corrida ao redor do mundo em vela é mais cativante se for feita sozinho; em equipe, ela perde parte de seu poder de atração, como se todos invejássemos um pouco aqueles que conseguem, por certo tempo, separar-se de tudo para enfrentar sozinhos os desafios que lhes são lançados. Aqueles que conseguem estar frente a frente consigo mesmos e contar apenas com si próprios, o que não os impedirá de, na volta, estar com outros de quem sem dúvida retirarão a força necessária para partir novamente. Solitários, mas não misantropos; seguros de si, mas não megalomaníacos.

Todos os pais do mundo deveriam sonhar com que seu filho se torne um dia um navegador solitário, sinal de que desempenharam seu papel com benevolência e distância suficientes para ajudá-lo a encontrar o caminho da independência. Amar um filho é ajudá-lo a encontrar a auto-estima necessária para que ele nos deixe assim que se sinta pronto para isso.